KB268027

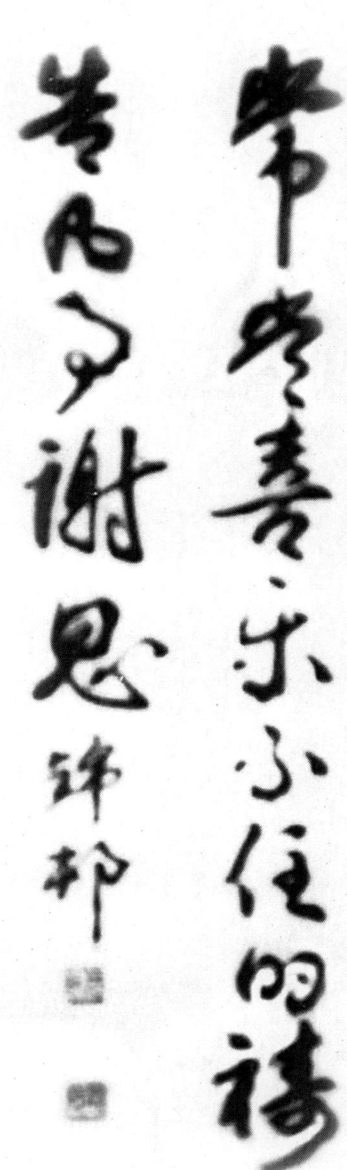

항상 기뻐하라 쉬지말고 기도하라
범사에 감사하라〈살전五장十六절〉

낙원으로 가는 길

초판 1쇄 인쇄   2013년 05월 31일
초판 1쇄 발행   2013년 06월 07일

지은이   전 병 무
펴낸이   손 형 국
펴낸곳   (주)북랩
출판등록   2004. 12. 1(제2012-000051호)
주소   153-786 서울시 금천구 가산디지털 1로 168,
우림라이온스밸리 B동 B113, 114호
홈페이지   www.book.co.kr
전화번호   (02)2026-5777
팩스   (02)2026-5747

ISBN 978-89-98666-78-1 03230

이 도서의 국립중앙도서관 출판시도서목록(CIP)은
서지정보유통지원시스템 홈페이지(http://seoji.nl.go.kr)와
국가자료공동목록시스템(http://www.nl.go.kr/kolisnet)에서 이용하실 수 있습니다.
(CIP제어번호 : 2013007933)

낙원으로 가는 길

전병무 시집

book Lab

머리말

　사람이라면 누구나 한 번쯤은 내가 누구인가? 어디에서 왔다 어디로 가는 것일까? 생각해 봤을 것이다. 많은 사상가들이 이 문제로 고심했는가 하면 선지자들은 교리적인 면에서 확답確答처럼 서술해 놓은 것도 많다. 나는 성경이 어떤 책인가 보려고 읽기 시작하다가 기독교에 입문해 침례를 받은 후 교리공부를 했다.

　이제까지 알지 못했던 내용 중에서 느낀 것이 적지 않았다. 내가 흥미를 느낀 것은 '나'라는 존재가 이미 태초부터 하나님의 계획 안에 포함되어 있었다는 것이다. 스스로를 돌아볼 때 하찮고 보잘것없는데도, 하나님께 택함을 받고 예정에 따라 세상에 태어난 것이다. 나뿐만 아니라 다른 사람과 모든 사물이 하나님의 계획 안에서 이루어진다는 사실을 알았을 때 이런 사실을 조금이라도 기록해 남겨야겠다는 생각이 머릿속을 지배했다.

하나님은 무궁무진해 한 인간의 역량으로는 다 알 수가 없으며 내 자신이 믿음이 적기 때문에 내가 아는 만큼 밖에 표현할 수가 없었고, 부족한 깨달음 속에서도 그리스도를 더 찾고자 노력하며 쓴 글을 이 책에 담았다. 혹 이 글을 보며 웃음을 참지 못하고 맹인모상盲人摸象보다 나을 것이 없다고 힐책할 분도 많으리라 사료되며 부끄러움을 무릅쓰고 세상에 내놓는다. 하나님을 믿지 않는 사람도 한 번 읽어보고 자기를 성찰省察하며 더 넓은 안목과 사고를 기르기 위해 그리스도 안으로 들어가 넓고도 깊은 그리스도의 사상을 맛보는 데 다소의 도움이 되기를 바라마지않는다.

2013년 6월
인천 가좌 진주우거에서

錦 邨

목 차

 낙원으로 가는 길

사람을 사랑하는 하나님이
이 땅을 거닐다가 우리 집에 오셨지.
하나님을 모르고 가련하게 사는
나와 아내를 사랑으로 품고
하나님의 생명으로 거듭나게 했다네.
하나님 품안에서
사랑을 배우고 참는 힘을 기르며
하나님과 얘기를 나누려고 기도를 했지.
예수 그리스도가
하나님의 아들이란 걸 알았고
하나님이 예수 그리스도 안에 살고
예수 그리스도가 하나님 안에 살며
살아있는 영원한 생명이란 것을 믿게 했다네.
그리스도는
하나님이 육신肉身을 입고
이 세상에 왔다네. 할렐루야
그는 사람처럼 살다가
하나님의 계획대로
세상의 모든 죄를 짊어지고
십자가十字架에서 죽고 부활승천復活昇天한 후
다시 영靈으로 이 땅에 와
그리스도를 사랑하는 사람들에게

생명生命 주는 영이 되었다지.
주를 사랑하는 사람들이여.
그 영으로 살고 행할 때
생명이 자라게 되며
급기야 세상을 초월해
고난 속에서 벗어날 수가 있고
새 하늘 새 땅인 새 예루살렘을 향해
달려갈 수가 있다네. 할렐루야

02 그리스도를 사랑하는 자
_ 빛을 보낸 하나님을 찬송하세

빛을 보낸 하나님을 찬송하세.
하나님은 생명의 빛이야.
그리스도 안에 있는 사람들이
생명의 빛을 발하려면
자기의 타고난 생명 안에 있지 말고
하나님으로 거듭난 부활생명 안에 있어야 한다네.
부활생명復活生命인 그리스도를
자기 안에 살게 하고
깊이 흐르게 해

하나님을 모르는 사람에게 전해야 한다네.
예수를 사랑하는 사람들은
그리스도와 함께
십자가에 못 박혀
자기의 타고난 생명을
장사지내고
그리스도의
부활능력에 의해서 살아야 한다네.
그리스도의 부활능력을 믿을 때
자아自我에서 구원되고
변화 될 수가 있다지. 할렐루야
생명나무인 그리스도를 누리세.
때를 얻든지 못 얻든지를 불문하고
사람들을 그분 앞으로 인도해야 한다네.
생명을 받은 사람들은
반드시 그 영에 따라 행하고
생각을 영靈에 둘 때
그리스도의 영안에 살게 되고
그리스도가 자기 안에서 살게 된다네. 할렐루야

_생명의 씨를 준 하나님을 찬송하세

생명의 씨를 준 하나님을 찬송하세.
하나님 말씀은 생명의 씨야.
그리스도인의 생활이
옳고 그름은 외적 기준이 아니라
내적 생명에 의하여
예수를 사랑하는 사람들을 인도 한다네. 할렐루야
성도들은 항상 내적 생명에 바탕을 두고
세상 적 삶에서 초월하여야 된다네.
신성한 계시啓示에 의하면
지식知識도 사탄이라지.
악惡도 사탄이라지.
오직 진정한 선善만이 하나님 자신이 된다네.
그러므로 하나님을 자기 안에 살게 하는 것은
진정한 선善을 얻는 것이며
신성한 생명 안으로 들어가는 길이 되는 것이라네.
성도들이 하나님 안에 살 때만이
생명에 속한 것과
사망에 속한 것을 분별할 수 있다네.
자기 안에서 생명이 흐를 땐
올바른 일을 할 수 있고
기름 바름의 느낌이 없을 땐
하나님께 회개悔改하고 용서를 받아야 한다네.

_하나님의 생명 안에 있음을 찬송하세

하나님의 생명 안에 있음을 찬송하세.

성경의 초점은 생명이신 하나님이

사람들의 맘 안에서 확장되는 것이라네.

하나님 생명은 사람의 마음을 통해

하나님 자신을 표현할 수가 있다지.

기도하는 성도들이여.

하나님의 생명이 확장되도록

하나님의 영역靈域이 되고

자기 안에서 역사할 수 있도록

자기 몸을 내어주어야 할 거야.

그리스도인들은

그리스도를 시도 때도 없이

계속 누려야 내적 생명이 풍성하게 된다네.

내적 생명이 풍성하게 될 때

열매가 산출되고

생명과 본성을 아들에게 준

아버지를 영광스럽게 할 수가 있다네.

서로 교제를 통해 하나님의 생명을 받고

하나님의 의도意圖를 알며

그분이 갈망하는 것을 깨달은 후 기도해야 된다네.

본래 하나님의 의도는

사람이
하나님과 같아지기를 갈망하셨다지. 할렐루야
사람과 하나 되기를 갈망했기 때문에
사람들에게 경륜經綸을 펴고
생명과 본성이 하나님 닮기를 원했다네.

05 그리스도를 사랑하는 자
_하나님의 축복 안에 있음을 찬송하세

하나님의 축복 안에 있음을 찬송하세.
그리스도인들은
조건 없이 하나님의 축복 안에 살게 된다지.
축복 안에서 생명이 자라 충만해야만
다른 사람을 돌볼 수 있고
그리스도를 전파할 수가 있다네.
그리스도께 아주 매혹魅惑되어야 하고
그리스도를 따르고
쉬지 않고 기도하며
자기 몸에서
저절로 그리스도의 향기가
흘러나오게 해야 된다네. 할렐루야

주를 사랑하는 성도들이여.

그리스도와 함께 일하려면

하나님이 그리스도를 자기 안에

부어넣는 일을 하도록 허락해야 된다네.

은혜 받은 성도들은

계시啓示를 통해 알게 된

그리스도를 온 힘을 다해 전파하고

또 혼魂을 따르는 생활을 해서는 안 된다네.

혼을 따라 산다면

몸은 옛사람을 섬기게 될 것이고

자아가 나타나 매사를 그릇 칠 것이야.

신실한 그리스도인의 눈은

악한 것을 보지 않게 하고

귀는 하나님 말씀 외의 것은 듣지 않게 하고

입으로는 하나님 말씀만 하여

몸을 손상 시키지 않고

주님이 올 때까지

깨끗하게 보존하여야 한다네.

 그리스도를 사랑하는 자
_따뜻한 손으로 잡아주는 하나님을 찬송하세

따뜻한 손으로 잡아주는 하나님을 찬송하세.
한없이 인자하신 하나님은
부드러운 손을 내밀어 사람을 잡아주고
어루만져준다네.
신실한 성도들아.
택함 받은 사람을
그리스도의 영광 안으로 인도하여
영화롭게 해
하늘에 속한 백성이 되게 해야 할 것이야.
믿음이 큰 성도들은
그리스도와 함께
왕이 되어 민족들을 다스리고
신성한 통치 안에서 즐거움을 누리며
옛 창조創造의 변질 속에서 벗어나
새 창조의 영광과 자유 안에 속하게 해야
본분을 다한 것이 된다네. 할렐루야
참 빛 속에 사는 성도들이여.
성경 말씀이 자기 안에서 확신을 가질 때
말씀 안에 담겨있는 살아있는 생명으로
그리스도를 접촉할 수 있으며
그리스도는 그리스도인 안에서

생명주는 영인 하나님이 된다네. 할렐루야
믿음의 근원은
하나님의 계획에 따라
과정을 거치고 완결된
하나님인 예수 그리스도의 이름을 부르고
그 분께 기도하고
그분의 말씀을 읽으므로 접촉 할 수 있다네.

07 그리스도를 사랑하는 자
_하나님께 감사하는 맘으로 찬송하세

하나님께 감사하는 맘으로 찬송하세.
그리스도인들이
한생명이 되려면
교회생활 안에서 함께 일하고
조화되고 조정되고 연합되어
자기의 인성人性을 십자가를 통해 다듬고
그 영靈에만 의존해
그리스도의 몸을 위해
다른 이들에게 그리스도를 전파해야 한다네.
무엇을 하든지 자기를 낮추세.

그리스도를 내세우세.
그래야 성경의 마지막 완결인
새 예루살렘에 도착할 수 있을 거야.
그리스도는 그리스도를 사랑하는 이들을
십자가의 파쇄破碎를 통해서
새 사람을 입게 하고
하나님의 본성으로 그들을 거룩하게 하여
하나님께 이르도록 인도하고 있다네. 할렐루야
성도들이 하나님의 권위에 순복順服하고
깨어있는 생활을 유지 할 때
생명 안에서
그리스도의 구원 안에 들어갈 수가 있다지.
또 영원한 생명의 모든 움직임은
새 예루살렘이 최종 목표가 된다네.

08 그리스도를 사랑하는 자
_사랑뿐인 하나님을 찬송하세

사랑뿐인 하나님을 찬송하세.
하나님의 본질은 의義와 사랑이라지. 할렐루야
하나님을 보려면

그분의 체현體現인

그리스도를 보아야 한다네.

하나님은 눈으로는 볼 수도 없고

감각으로 깨달을 수 도 없는 분이지.

수천 년 전 이스라엘 백성들은

20세 이상 60만(어린이와 노약자 포함 200여만)이 넘는 사람들이

하나님의 유일唯一한 증거를 위해

함께 여행하고

모든 고난을 참고 전진하고

동일한 언약궤言約櫃를 메고

동일한 성막聖幕을 지켰다네.

신약시대에 들어와

베드로와 바울도

서로 다른 지역인

유대지역과 이방지역에서 일했지만

그리스도 몸의 건축을 위해

오직 같은 일을 한 것을 볼 수가 있다네.

깨어있는 성도들이여.

사람들이 하나님을 잘 알지 못할 때에도

하나님은 사람을 사랑하고

이 땅에서 꾸준히 사역하고 계셨다네.

09 그리스도를 사랑하는 자
_넘치는 기쁨으로 하나님을 찬송하세

넘치는 기쁨으로 하나님을 찬송하세.

사람들이 방탕하고

하나님을 잊었을 때에도

노아에게는

방주方舟를 지으라는 계시가 있었고

모세에게는

성막聖幕을 건축하라는 계시를 주었고

솔로몬에게도

성전聖殿을 건축하라는 그 시대의 사역을 주었다지.

오늘날 그리스도인들의 사명은 무엇인가.

자문자답自問自答해보면

주를 사랑하는 이들이

말씀으로 똑바로 섰을 때

복음을 전파하고

주를 향해 오는 사람을 인도해 함께 전도하고

온전케 하는 것이

교회생활의 실천이며

그리스도의 몸을 세우는 일이 된다네.

그리스도 안에 사는 성도들아.

하나님은 사람을 조건 없이 사랑하신다네.

그리스도인들은

마음속 깊이 그리스도를 사랑하고
재물이나 어떠한 사람도
그리스도보다 더 사랑해서는 안 될 거야.
모든 것 가운데서
그리스도를 앞세우세.
자기의 마음과 혼과 영을
모두 그리스도께 두며
전 존재가 그리스도께 점유占有되고
매일매일 생활에서
그리스도와 하나가 되어야 할 거야. 할렐루야

⑩ 그리스도를 사랑하는 자
_우리를 깨우치는 하나님을 찬송하세

우리를 깨우치는 하나님을 찬송하세.
그리스도는 어떠한 분인가.
"하나님이고, 아버지, 아들, 그 영靈, 창조자創造者,
구속자救贖者, 구원자救援者, 주님, 주인主人,
생명生命, 빛, 사랑, 길, 진리眞理, 문門이며,
또한 의義이며, 거룩함,
순수純粹함, 정직正直함이라네."할렐루야

빛을 받은 성도들이여.
쉬지 않고 자기 영을 정결케 하세.
깨어있는 동안 늘
주님의 이름을 부르고
은혜 안에서
《이기는 사람》이 되어야 한다네.
하나님은 오직 한 분이며
그리스도도 오직 한 분이며
성령도 또한 한 성령이 있으며
교회도 또한 한 교회가 있을 뿐이지.
그리스도인들이
하나님의 진리 안에서
신성한 생명을 분배받아
그리스도의 인성 안에서
모든 사람들을 소중하게 품고 인도해야 된다네.
하나님의 말씀인 진리를 가르치세.
서로서로 안에서 흐르는 의義와 사랑으로
서로 건축해나가야 한다네.

⑪ 그리스도를 사랑하는 자
_사람을 온전케 하는 하나님을 찬송하세

사람을 온전케 하는 하나님을 찬송하세.
하나님은 사람을 온전케 해
자신 뜻을 전달한다지.
교회의 하락과 변절은
바울이 사역하던 마지막 때부터
일어나기 시작했다네.
사도使徒 바울의 동역자同役者였던 데마는
세상을 사랑하는 쪽으로 기울어
바울을 버리고 떠나갔다지.
그러나 오네시보로는
교회가 하락되는 조류에 맞서
'이기는 자'가 되어
영과 혼과 몸을 신선新鮮하게 했다네.
디모데는 하나님의 말씀을 공급하기 위해
완전히 온전케 되고 갖춰진 사람으로
교회를 잘 돌보고 하락에 대항했다지. 할렐루야
이 땅에서 그리스도의 권익을 위해
선善한 싸움을 싸우기 위해서는
반드시 땅에 속한 얽매이는 것들을 벗어버리고
영원한 생명을 붙들어야 할 거야.
생명 안으로 인도 받은 성도들이여.

생명으로 충만케 하세.
생명 안에서 왕이 되어
다스림으로 사망에 맞서 싸우도록 해야 한다네.
예수 그리스도가
이 땅에 온 것은
하나님 말씀을 전파하고 완성하려고
말씀이 육신肉身이 되어 나타난 분이라네. 할렐루야

12 그리스도를 사랑하는 자
_경건의 비밀인 하나님을 찬송하세

경건의 비밀인 하나님을 찬송하세.
바울은 하나님의 큰 축복을 받고
하나님의 비밀인 그리스도와
그리스도의 비밀인 교회에 관한
하나님의 말씀으로
신성한 계시를 완성해
사람들에게 보여주었다지.
영안에 사는 그리스도인들이여.
자기 자신이 그리스도에 대한
체험이 부족하다는 것을 시인하고

합당한 교회생활 안으로 깊이 들어가야 할 거야.
하나님이 육체 안에서
단체적으로 나타난
경건의 큰 비밀이 될 수 있도록 수련하고
그리스도를 주관적主觀的으로 체험하고 맛보세.
성도들은 매일매일 생활에서
그리스도와 하나가 되는
누림 안에 살아야 된다네.
그리스도를 사랑하는 사람들이
진정으로 그리스도 예수의 품안에 살려면
그리스도의 몸을 위해 기도하고
그분의 고난에 참여해야 한다네.
그리스도가
사람들을 사랑한 것보다 더
그리스도를 사랑하세.
그분의 빛 비춤 안에서
하나님의 건강한 가르침을 굳세게 잡고
하나님 품 안으로
깊이깊이 들어가야 할 거야.

_속생명인 하나님을 찬송하세

속생명인 하나님을 찬송하세.

생명 안에 사는 성도들이여.

비록 적은 능력을 가졌을지라도

인도자의 합당한 가르침과 인도함을 따르세.

그리스도의 말씀을 굳게 잡았을 때만이

천국天國의 소망이 보이는 것이야. 할렐루야

현재 사람들은

시끄러운 세상에 살고 있어

스스로 믿음이 크다고 자처해도

부지중 자아自我가 나타나

세상 것에 매이다 보면

자기의 영혼이 한없이 추락되어

돌이키기도 어려운 지경에 빠져 있는 때도 많이 있다네.

믿는 자들이 추락하면

사람 안에 있는 영을

경시輕視하고 무시할 뿐만 아니라

급기야는 사람에게 영이 있다는 사실까지도

인정하지 않으려 하게 된다지.

빛 안에 사는 성도들이여.

자기 영을 정결케 해 언제 어디서나

하나님을 호흡해야 된다네.

또 그 빛을 받아
하나님 안으로 들어갈 때
그 영과 함께 함으로
생명나무인 그리스도와 하나가 되는 것이라지.
그리스도인들은
그 속 생명을 먹고 마심으로
하나님을 표현하기 위한
영원히 귀한 그릇이 되어야 한다네.

14 그리스도를 사랑하는 자
_언제 어디서나 하나님을 찬송하세

언제 어디서나 하나님을 찬송하세.
구속救贖 받은 사람들이
자기 영을 수련修鍊하기 위해서는
반드시 자기의 영을 둘러싸고 있는
마음의 부분들인
생각, 감정感情, 의지意志, 양심良心 등을
잘 처리해야 된다네.
선한 양심을 가지세.
다가오는 영광을 받아들이세.

오직 하나님 뜻만 추구하고
자기 안에 사는 영을 누리기 위해
항상 기뻐하고
쉬지 않고 기도하고
범사凡事에 감사함으로
자기의 영을 훈련하는 것이
그리스도 안에서
가장 좋은 방법이 될 것이야. 할렐루야
생각을 영에 둘 때는
내적인 생명과 평강 안에 살게 되며
만족함과, 안식安息함과, 해방감과
생기生氣까지도 넘쳐나게 된다지.
생각을 육신에 둘 때는
내적인 사망을 맛보며
약함과, 공허함, 불편함, 불안함, 낙심 등
어둠의 고통에서 헤매게 될 것이야.
교회는 진리를 기반으로 삼고 세워졌다네.
이 진리가 곧 하나님이라지. 할렐루야
또한 교회는 온 우주가운데서
오직 그리스도만이 실재이고
하나님 안에서
하나님의 비밀인 그리스도와
그리스도의 비밀인 교회가
실제로 나타나고 진리를 증언하는 곳이라네.

15 그리스도를 사랑하는 자
_승리자가 되어 하나님을 찬송하세

승리자가 되어 하나님을 찬송하세.

진리를 먹고 사는 성도들아.

하나님의 신실한 자녀가 되기 위해서는

하나님의 목적이 무엇인지를

먼저 깨달아야 된다네.

진리에 대한 완전한 지식을 가지기 위해서는

견고히 서 있어야 한다네.

어떤 방해자나 사탄과의 싸움에서도

반드시 승리해

하나님의 땅을 확장해 나가야 한다네.

하나님은 교회를 사랑하고

교회는 운행하는 하나님의 거처인 집으로서

그분 자신이 살고 움직이며 표현하는 곳이라지. 할렐루야

교회는 하나님에게서 태어나

하나님의 생명과 본성本性을 가진 사람들로

구성된 단체이며

'이기는 자' 안에 속한 사람들이라네.

교회에 대해 교리적인 가르침 보다는

교회의 실질적인 생활이 필요하다네.

그리스도에게 나온 성도들이여.

자기의 모든 것을 다 바쳐

교회를 사랑할 때
비로소 그리스도는 그들에게
은혜와 긍휼矜恤을 베풀기를 원할 것이야.

16 그리스도를 사랑하는 자
_하나님의 집안에 사는 것을 찬송하세

하나님의 집안에 사는 것을 찬송하세.
거듭난 성도들이여.
늘 하나님 말씀 안에서
풍성하기를 구해야 한다네.
자기기만自己欺瞞에 빠지면
그리스도를 떠난 것이고
흑암黑暗에 들어가는 것이며
하나님에게서 오는
영광을 구하지 않는 것이 된다지.
그리스도를 사랑하는 자들은
항상 자신을
하나님의 사랑 안에 살게 해야 한다네.
성도들은 떠오르는 빛인
그리스도를 매일 매일 누려야 하고

건강한 가르침 안에 있어야 할 것이야.
성경의 중심은
성경 안에 있는 십자가+字架가
가장 높은 이상理想이라네. 할렐루야
이것이 하나님의 신약의 계시啓示이고
사도들의 가르침이지.
이러한 결과로 세워진 것이 교회인데
교회는 그리스도의 몸이요
그리스도의 연장이요
확장되는 장소요
지상에 있는 하나님 나라이며
하나님의 집이요
최종에 이르러서는
새 예루살렘과 연결되는 곳이라네. 할렐루야

17 그리스도를 사랑하는 자
_전신갑주인 하나님을 찬송하세

전신갑주인 하나님을 찬송하세.
그리스도인들은 항상
자기의 모든 것을 드리고

보호를 받는다고 생각하고
혼자서 생활하거나
고립을 자처해서는 안 될 것이야.
하나님의 전신갑주全身甲冑는
교회 전체를 위한 것이지
개인을 위한 것이 아니기 때문이라네.
하나님 품안에 사는 성도들이여.
영적 전쟁은
개인적으로는 대처해 나가기가 어려우며
지체肢體들이 모두 나서야 하는
통합적인 전투이기 때문이야.
그리스도의 몸의 보호가 필요하고
같은 믿는 이들의 조언을 구해야 하고
때로는 믿음이 큰 사람들의 도움과 보호가
반드시 필요한 때문이지.
성도들은 모두
하나님을 담는 그릇이라네. 할렐루야
하나님의 생명을 담는
충만하고 넘쳐흐르는 그릇이 되고
그리스도와 자기가 '하나'가 돼
하나님을 항상 표현해야 된다네.

18 그리스도를 사랑하는 자
_시도 때도 없이 하나님을 찬송하세

시도 때도 없이 하나님을 찬송하세.

성경을 보면

세상적인 쾌락을 쫓거나 좋아하면

하나님과 거리가 멀어져

죄罪속에서 헤매거나

종국終局에 가서는 멸망에 이른다고

무수히 가르쳐 주고 있다네.

아브라함은

하나님과 달콤한 사귐이 있을 때

나이가 100세인데도

하나님에게서 약속의 씨인 이삭을 주었고

타락한 소돔성의

멸망에 대한 계시를 받았다지. 할렐루야

영안에 사는 사람들이여.

외모로만 그리스도를 사랑하고

세상 것에 마음을 빼앗기다 보면

하나님과 거리가 멀어지게 된다네.

성도들이 진실로 영안에 살고

그리스도로 단장하고

세상적인 유혹과 타락을 물리친다면

하나님에 의해 거룩하게 될 수 있고

하나님에 의해 '의義롭다' 함을 받아
저절로 하나님의 품안에 머물 수 있을 것이야. 할렐루야

19 그리스도를 사랑하는 자
_생명으로 인도하는 하나님을 찬송하세

생명으로 인도하는 하나님을 찬송하세.
생명 안으로 인도 받은 사람들은
자기의 의지意志를 수련하고
새롭게 하고 변화되게 하세.
그리스도를 머리삼고 날마다 전진하고
더욱 더 많이 변화가 되면 될수록
사탄과 분별되므로
생명의 성장과 변화에
전력을 다 하여야 한다네.
'새사람'이 되려면
신성한 그리스도가
반드시 자기 안에 늘 머물게 해야 한다네.
그리스도가 자기 영안에
함께 하지 않는다면
새사람으로 조성되는 것이 점점 멀어진다네.

생명을 호흡하고 사는 성도들아.
자기 자신이 추락된 것을
다시 조성하려면 기도를 통해서
하나님의 의도가 무엇인지
다시 한 번 살펴봐야 할 것이야.
하나님의 의도는
하나님 자신의 체현體現인
그리스도를 사랑하는 사람들 안으로
자신을 부어넣는 역사를 하는 것이라네.

20 그리스도를 사랑하는 자
_우리에게 만나인 하나님을 찬송하세

우리에게 만나인 하나님을 찬송하세.
그리스도는 본래 '만나'라지.
만나를 먹고 사는 성도들이여.
감사한 마음으로
만나 곧 그리스도를 먹음으로써
그리스도가 될 수 있고 즉 그리스도가 바로
자기의 조성 성분이 되기 때문이라네.
그리스도로 조성된 사람들만이

하나님의 거처인

교회를 건축할 자격이 있다네.

영안에는 양심良心, 직감直感, 교통交通이 있다지.

양심은 자기 안에 있는 영을

인도하는 한 부분이라네.

그리스도를 사랑하는 사람들이

양심이 잘못 되었다면

그들은 결코 합당한 영을 가질 수가 없을 것이야.

자기 자신이 순수한 양심을 가지려면

먼저 기도를 통해 순수한 마음을 가져야 하고

자기의 생각이

그리스도 외에는 아무것도 생각하지 않고

감정 또한 그리스도 외에는

아무것도 사랑하지 않고

자기 의지가 그리스도 한 분 외에는

아무것도 선택하지 않아야 된다네.

자기 영靈의 순수함을 소홀히 하고

건축을 하려고 한다면

일은 허물어지지 않을 수가 없을 것이야.

21 그리스도를 사랑하는 자
_마음속 깊이깊이 하나님을 찬송하세

마음속 깊이깊이 하나님을 찬송하세.

믿음이 큰 사람들도

자기의 능력만 내세워 일을 한다면

역시 불순함으로 인해

한쪽에서는 허물어짐을 볼 것이야.

하나님은 영靈이기 때문에

시공時空을 떠나

어디에나 존재하는 분이라네.

하나님은 기도하고

부르고 찬양하는 곳에 즉시 오신다지. 할렐루야

하나님의 표현을 위한 아들이 된

그리스도인들은

장차 왕王이 될 운명을 가진 사람들이라네. 할렐루야

사람을 구원救援하는 일도 큰일이지만

하나님의 일은

사람의 권위를 이용하여

모든 만물을 다스리는 것인데

사탄을 패배시켜야만 하나님이 만족한다네.

신성한 생명 안에 사는 성도들이여.

새 창조 안에서

하나님의 신성한 생명으로 살고

일상생활에서
새 생명의 통제를 받아 모든 일을 행한다면
더욱 더 실제적으로
새 창조가 될 것이야.

22 그리스도를 사랑하는 자
_사람과 연합하는 하나님을 찬송하세

사람과 연합하는 하나님을 찬송하세.
성경의 중심적 사상思想은
하나님 자신과
인성을 연합해
신성한 건축을 추구하는 것이라지.
하나님은 스스로를 구속救贖하며
하나님과 연합된
생명이 내재된 사람들로 이루어진
살아있는 구성체構成體를 얻기를 원한다네.
하나님 본래의 의도意圖는
하나님과 사람
사람과 하나님이
서로 상호相互거처가 될 수 있도록

하나님은 사람 안에 살고

사람은 하나님 안에 살아

한 목적을 이루는

신성한 건축물을 얻기 원한다네. 할렐루야

그리스도인들이여 기도합시다.

그리스도는 자신의 갈망에 따라

세워진 교회를 원한다는 것을 깨닫고

함께 믿는 사람들과 같이

조화롭게 해야 한다네.

그리스도를 누리는 성도들이여.

기도 안에서 몸과 마음을 '하나'로 합치세.

신성한 하나님과 몸의 조성 안에서

그 영靈을 지키고

그리스도를 누리는 공동 교제 안에 있고

그 영에 의해 살고 행하며

그리스도의 죽음과 같은 형상을 이루고

그리스도를 확산하는데

몸과 마음을 다 바쳐야 할 것이야.

23 그리스도를 사랑하는 자
_사람 안에 살기를 원하는 하나님을 찬송하세

사람 안에 살기를 원하는 하나님을 찬송하세.

그리스도가 내재된 성도들이여.

하나님이 땅을 만든 이유는

사람을 살게 하기 위해 만들었고

사람을 만든 이유는

하나님이 사람 안에

살기 위해 만든 것이라네. 할렐루야

이 일은 영원永遠 전부터 현재까지

하나님이 유일唯一하고도

일관一貫되게 역사하고 있다지. 할렐루야

하나님의 목적은

하나님을 사랑하는 이들의 생각이나 성격을

하나님의 본성과 성격으로 충만하게 하는 것이야.

또 그들 안에서 운행하여

신격神格에 있어서가 아니라

생명生命과 본성本性에 있어서

하나님과 같게 하려는 것이라네. 할렐루야

그리스도인들은

하나님 몸 안에 있어야 하고

몸을 위하여 일하고

'한 몸' 안에서 나왔다는 것을

다시 한 번 깨닫고 기도하며
서로서로 사랑이 넘치게 해야 한다네.
생명의 흐름은 기도하는 사람 안에서
이 시간에도 여전히 흐르고 있다네.

24 그리스도를 사랑하는 자
_생명의 흐름 안에 머물게 하는 하나님을 찬송하세

생명의 흐름 안에 머물게 하는
하나님을 찬송하세.
그리스도인들은
반드시 생명의 흐름 안에 있어야 된다지.
이 흐름 안에서 떨어진다면
생명生命밖에 있게 되고
몸의 교제 밖에 있게 되며
예수 그리스도의 증거 밖에 있게 되며
하나님의 일 밖에 있게 되는 것이라지.
모든 믿는 사람들은
하나님의 신성한 생명을 가지고 있어야 한다네.
이 신성한 생명은
순환循環하며 몸의 지체肢體들을

'하나'안으로 이끄는 힘이 되어야 한다네.

비록 교회가

지방적으로 분리되어 있어도

교회의 흐름은

우주적宇宙的으로 하나라네.

교회의 흐름은 분리될 수 없고

온 땅에 오직 한 흐름만이 존재한다네.

몸과 영도 하나이기 때문에

주를 믿는 사람들은

몸의 유일한 하나를

반드시 지켜야 할 것이야.

만일 그리스도를 사랑하는 이들이

몸의 흐름에서 떨어진다면

그는 그리스도의 몸에

참여할 자격을 잃어버리게 될 것이야.

그리스도의 만찬 상晚餐床 위에 놓인 떡은

그리스도의 몸 전체를 상징하기 때문이라네.

예수를 사랑하는 사람들이여.

그리스도의 영은

예수를 사랑하는 사람들을

서로 연결하고

견고하게 하며 수평水平으로 통과한다네.

25 그리스도를 사랑하는 자
_영을 거듭나게 하는 하나님을 찬송하세

영을 거듭나게 하는 하나님을 찬송하세.

영안에 사랑이 흐르는 성도들이여.

다른 성도들과 연결하는 영이

자기에게 올 때

그 영은

다른 그리스도인들의 영과 함께 온다지.

그 영이 자기에게서

다른 이들에게 갈 때는

자기의 영도 포함돼

함께 가는 것을 알아야 한다네. 할렐루야

생명 주는 영인 그리스도를 받아들인 사람들은

그리스도를 믿고 그분을 받아들여

생명을 호흡하고 살기를 갈망해야 한다네.

누구든지 기도 가운데 주의 이름을 부르면

그리스도는 즉시

그 사람 안으로 들어가

그의 영을 거듭나게 하고

그의 영안에 살며

그리스도의 영과

그 사람의 거듭난 영과 연합해

그리스도와 '하나' 되게 한다네. 할렐루야

하나님은 스스로
하나의 비밀이라네.
하나님은 참되고 살아계시며
전능한 분이고 보이지 않는 영이라지.
이 비밀스런 하나님이
그리스도 안에 체현體現되어 나타났으므로
그리스도가
하나님의 비밀이 되는 것이라네. 할렐루야

26 그리스도를 사랑하는 자
_모양으로 나타난 하나님을 찬송하세

모양으로 나타난 하나님을 찬송하세.
은혜 가운데 사는 성도들이여.
그리스도를 만나려면 기도를 해야지.
그리스도는 하나님일 뿐만 아니라
모양으로 나타난 하나님이라네.
기도 안에서 만나 늘
말해내고 표현된 하나님이므로
그리스도는
사람에게 보인 하나님이 됐다지. 할렐루야

그리스도가 믿는 사람들을

불쌍히 여기고

사랑해 주는 힘으로 인해

때로는 분쟁을 쉽게 중재하기도 하고

때로는 믿는 이들 자신이

회개悔改의 기도를 통해

그리스도가 자기 안에 살게 함으로

화평을 찾을 때가 많다네.

성도들이 본래 타고난 혼은

모두가 각각 다르게 태어났다네.

그러나 하나님의 말씀으로 살고

그리스도의 말씀이

성도들 안에서

자유로이 운행하게 한다면

서로 건축할 수 있고

기도를 통해

은혜의 보좌寶座앞에 나갈 수 있으며

은혜의 보좌를 통해 긍휼을 받고

은혜도 받을 수가 있을 것이야. 할렐루야

 그리스도를 사랑하는 자
_생명을 다 바쳐 하나님을 찬송하세

생명을 다 바쳐 하나님을 찬송하세.

하나님을 사랑하는 사람들이여.

기도가 생명 길로 나가는 첫째 길이지.

생명은 그리스도와 함께

하나님 안에 감추어져있으므로

그것을 믿는 사람은

하나님 안에

살고 있는 것이나 다름없다네. 할렐루야

그리스도를

사랑하는 이들의 생명인 그리스도는 '새사람이다'

이 새사람을 믿는 이들이

하나님의 충만充滿인 그리스도를 누릴 때

생명이 흐르게 되는 것이라네.

성도들이 매일매일 그리스도를 누리고

그리스도는 성도들 안으로

그분 자신을 부어넣는 역사를 하고 계시므로

믿는 사람들은 그리스도로 조성되어

'새사람'이 되는 것이라네. 할렐루야

그리스도는 창조물創造物 가운데서

제일 먼저 낳았다.

죽은 자 가운데서 먼저 낳았다.

하나님의 충만이 살아있는 분이다.
하나님의 비밀이 감춰진 분이다.
내주하는 영광과
소망 및 지혜와
지식의 모든 보화寶貨가
그 안에 감추어져 있는 분이라지. 할렐루야

28 그리스도를 사랑하는 자
_참 마음으로 하나님을 찬송하세

참 마음으로 하나님을 찬송하세.
성도들이여.
기도를 해야 하나님을 접촉하지.
진실한 그리스도인이라면
교회 안에서 어떤 일을 하든지
기도를 통해 하나님 안에
숨어있는 생명에 의해 일해야 한다네.
타고난 생명 즉 자아自我가 나타난다면
아무리 좋은 봉사를 한다 하더라도
부활생명復活生命과는 거리가 멀다네.
성도들이여. 공손히 기도를 해

타고난 생명을 지워가야지.
자기의 타고난 생명을 과시하고
드러내기를 좋아한다면
이런 것들은
십자가에 못 박힌 생명과
부활생명으로
철저히 지워버리지 않으면 안 된다네.
타고난 생명은
세상 적인 행위에서만이
매력적으로 보이고
하나님의 생명과
그리스도의 생명과는
부합되지 않기 때문이라네.
성도들이 영으로 돌이킬 때마다
하늘에 속한 〈사닥다리〉 인
그리스도를 통해
〈하늘의 문〉 으로 들어가
하늘에 있는 은혜의 보좌를 만질 수 있다네.
하나님의 생명은
그리스도의 생명이라네.
그리스도의 생명은
주主를 사랑하는 사람들의
생명이 되는 것이라지. 할렐루야

29 그리스도를 사랑하는 자
_죽음을 정복한 그리스도를 찬송하세

죽음을 정복한 그리스도를 찬송하세.

이 세상에서 예수는

죽음 안으로 걸어 들어갔다가

다시 걸어 나온 분이라지. 할렐루야

죽음이 붙잡을 수 없었던 분이며

죽음을 정복征服하고 패배시켰고

그분을 사랑하는 성도들도

함께 구속救贖을 받았다네. 할렐루야

예수께서 이 땅에 머무를 때

전도傳道하기를

"회개悔改하라. 천국天國이 가까웠느니라." 하고

베드로와 형제 안드레를

갈릴리 해변에서 택했고

야고보와 형제 요안을 부르고

두루 다니며 사람을 가려내 12제자를 삼았다지.

제자들과 각 지방을 다니며

전도할 때

어느 때는 4천 명이 모였고

5천 명도 모여들었으나

이것이 진정한 교회는 아니었다네.

정숙한 신부인 교회는

그리스도와 결혼하고
그리스도 이외의 것은 보지도 말고
듣지도 말아야 하는데
세상과 야합野合해 덩치만 성장했고
하나님의 영원한 진리의 가르침에서
멀어져 가고 있어 안타까울 뿐이야.

30 그리스도를 사랑하는 자
_좁은 문으로 들어가 하나님을 찬송하세

좁은 문으로 들어가 하나님을 찬송하세.
사랑뿐이신 하나님은
하나님 앞으로 가는
생명으로 인도하는 문과
멸망滅亡으로 가는 문을 두어
사람들을 인도하고 있다지.
좁은 길은
영적靈的인 요구를 이루는
신성한 규정을 따르는 길이라네.
또 하나님을 사모하고 찬양하고
예수그리스도의 증거를

확신하는 사람들이 모인

하나님의 교회로

하나님의 말씀을 수행하는 곳이라지.

넓은 길은

인간 각자의 타고난 취향趣向에 따라서

물질적인 곳에 마음을 두고

욕구를 만족시키기 위해 만들어진 길로

많은 사람들이 택하고

성공을 도모하고자

헛되이 정력精力을 낭비하는 곳이라지…….

성도들이여 찬양하세.

영안에 살고

영안에서 행하는 것이

좁은 문으로 들어가는 길이라네.

'좁은 문으로 들어갑시다.'

생명길이 보이고

그 끝에 그리스도가

보좌위에 앉아있을 것이야. 할렐루야

그리스도를 사랑하는 자
_하나님과 함께 일하며 찬송하세

하나님과 함께 일하며 찬송하세.

하나님과 함께 일하는 성도들이여.

하루를 시작하려면 길든지 짧든지

기도부터 시작해야 한다네.

지금부터 자기 스스로

무엇을 한다는 것보다

이제부터 하나님에게 의지依支하고

하나님과 함께 일한다고 생각해 보라

기분이 달라질 것이야.

전능全能하신 하나님과 같이 일 하는데

어려운 것이 무엇이며

되지 않는 일이 무엇이며

못하는 일이 무엇이 있겠는가. 할렐루야

성도들이 기도하는 것은

하나님의 움직임을 위해

어떤 것을 해달라고

하나님께 간구하는 것만이 아니라

성도들의 영이 훈련되고

굳게 세워지도록 하는 것이라네.

말씀에 진력盡力하고 기도에 수고하고

성령을 대하는 데 부지런해야 한다네.

그래야 하나님이
그들의 온 존재를
빛 안으로 이끌어 주고
다루어 줄 것이야.
또 본질적으로 진리의 안팎으로
그 영이 충만한 능력의 사람이
되게 해 주기를 간구해야 한다네.

32 그리스도를 사랑하는 자
_하나님 말씀을 호흡하며 찬송하세

하나님 말씀을 호흡하며 찬송하세.
성도들이 성경을 읽는 것은
하나님 말씀을 호흡하는 것이 되고
성경을 가르치게 된다면
이것은 일종의 내쉼이 되는 것이라지.
하나님을 사랑하는 사람일지라도
자신의 타고난 힘과
능력으로 일한다면
그 안에는 신성神聖한 요소가 없으므로
자기 자신만을 위하여 영광을 구하고

자기의 갈망만 만족시키려고

애를 쓰게 된다네.

성도들이 기도하는 중에

자기의 타고난 생명을 벗어버리고

그리스도와 함께

신성한 생명 안에 들어가면

그들은 부활復活안에 있게 될 것이야. 할렐루야

부활의 실재實在는

생명주는 영인 그리스도이기 때문에

교회생활 안에서

서로 교제하고 표현하는 모든 것들은

반드시 부활 안에 있어야 할 것이야.

성도들아.

하나님이 기뻐하는

기도를 하고 일을 하세.

하나님을 위해 봉사하려면

반드시 죽음과 부활을 통과해야만

하나님이 기쁘게 받아들일 수가 있다네.

부활은 하나님께 속한 것이고

하나님만이 할 수 있는 일이라지. 할렐루야

33 그리스도를 사랑하는 자
_늘 복음을 들으며 하나님을 찬송하세

늘 복음을 들으며 하나님을 찬송하세.

복음을 듣고 기뻐하는 사람들이여.

복음은 하나님이 계획計劃하고

약속約束하고 성취成就하신 것이라네.

이 땅의 모든 사람들을

구원에 이르게 하고

하나님의 능력으로 그들을

하나님과 화목和睦하게 하고

그분에 의해 거듭난 사람은

하나님의 자녀가 되었다네. 할렐루야

교회는 복음을 전파하는 곳인데

하나님의 복음을

듣는 데만 만족해서는 안 되며

높은 복음을 전파하기 위해

각각 진리 알기를 추구해야 할 것이야.

복음을 전파할 때는 복음이

반드시 그리스도의 몸이 세워져

새 예루살렘이 될 수 있도록

그리스도가 확장되고 증가되어

열매를 맺게 해야 한다네.

하나님을 닮은 사람들이여.

하나님이 사람을 만들 때
형태뿐만 아니라 생명에 있어서도
그분의 형상形像안에서
그분의 모양을 따라 창조 하였다지.
이것은 사람이 생명과 본성에서
하나님과 사람
사람과 하나님이 전적으로
생명의 유기적인 연결 안에서
서로 결합해 '한 영'이 되고
함께 역사하기 위함이라네. 할렐루야

34 그리스도를 사랑하는 자
_하나님의 은혜 안에 살게 함을 찬송하세

하나님의 은혜 안에 살게 함을 찬송하세.
은혜 받은 사람들은 기도를 통해
그 영에 의해 살세.
그 영에 의해 일하세.
오직 그 영에 따라 존재하여야 한다네.
하나님이 사람을 만들고 기쁜 나머지
"땅에 충만充滿하라."

"땅을 정복征服하라."등

넘치는 복福을 주었으므로

이때부터 사람 안에는 벌써

사탄의 혼이 나타나기 시작했다지.

하나님의 형상대로 창조된 사람은

하나님의 선한 성품性稟도 있고

자아를 쫓아서

악한 성품도 함께 가지고 있다네.

자아는 하나님으로부터

독립을 선언宣言한 혼魂이라지.

그 혼이 하나님을 의지하지 않고

독자적일 때

그 혼은 바로 자아가 되는 것이야.

하나님의 자녀인 성도들아.

하나님을 의지하지 않고

자아를 내세우면

무엇을 하든지

실패하기 쉬우며 죄罪 속에 빠질 것이야.

구약시대舊約時代 사람들도

여전히 하나님을 떠나서

악한 길을 걸었고

마음대로 행하며

하나님께로 돌아올 줄을 몰랐다네.

그래서 하나님의 백성들은

분열되고 흩어졌으며

하나님이 계신 곳에서
잘못된 곳으로 떠내려갔다네.

35 그리스도를 사랑하는 자
_영원한 하나님의 진리를 찬송하세

영원한 하나님의 진리를 찬송하세.
진리를 믿는 성도들이여.
하나님은 영원한 진리의 중심이고
우주 성宇宙性인 그리스도만을
관심하고 사랑한다네.
그러므로 그리스도를 믿는 이들은
자기의 모든 것을 바쳐야 된다네.
교회 안에서
하나님의 왕국의 권위가 운행할 때
의義와 평강平康과 희락喜樂이
성도들의 일상생활 안에서 나타나게 될 것이야.
그리스도는
만군萬軍의 여호와께로부터
아주 사랑스러운 백성을 돌보도록
보냄을 받은 분이며

만군의 여호와가 됐다지. 할렐루야
그리스도는 또한
교회의 중심에 있는 영광이며
교회를 보호하기위하여
교회의 내외에서 타오르는 불이라네.
아무도 그리스도를 알 수 없었는데
하나님의 택함을 받은 사람만이
그리스도를 알 수가 있다네.
하늘은 땅을 위하고
땅은 사람을 위하며
사람은
하나님이 영靈을 가진 존재로 창조했다지.
하나님의 목적은
사람이 하나님을 접촉하고
하나님을 받아들이고
하나님을 경배敬拜하고
하나님으로 살고
하나님을 위해
하나님의 목적을 달성하고
하나님과
'하나'가 되도록 하기위한 것이라네. 할렐루야

 그리스도를 사랑하는 자
_하나님의 큰 사랑을 찬송하세

하나님의 큰 사랑을 찬송하세.

영을 가진 사람들이여.

에스라는 하나님을 의지하고

하나님과 '하나'가 되었다네.

하나님의 말씀에 능숙能熟하여

하나님의

마음과 갈망과 의도를 아는 사람이었다지.

하나님의 영을 받은 사람들은

하나님을 만나보세.

하나님으로 적셔져

하나님과 하나가 돼보세.

하나님으로 채워져

하나님의 말씀을 능숙하게

증거하고 전파하는 사람이 되어보세.

하나님 말씀이

사람들 속에서 운행할 때

하나님의 영은 말씀을 통해

하나님의 요소와

하나님의 본성을 자연스럽게

그들 속으로 분배할 것이야. 할렐루야

느헤미야도

자신의 타고난 사람 안에서 살지 않고
부활안에서 살았다네.
그는 진취적이었을 뿐만 아니라
하나님과의 관계에 있어서는
하나님을 지극히 사랑했고
성전聖殿과
거룩한 땅과 거룩한 성을 포함하여
하나님의 권익을 사랑하였다지.
이것은 그리스도와 교회와
하나님의 왕국을 예표豫表하는 것이라네.
성도들이여. 감사기도 드리세.
그리스도가
하나님을 사랑하는 사람들의
머리이고 생명임을 깨닫고 누릴 때
주를 사랑하는 이들은
교회를 살 집으로 갖게 될 것이야. 할렐루야

37 그리스도를 사랑하는 자
_모든 인류를 사랑하는 하나님을 찬송하세

모든 인류를 사랑하는 하나님을 찬송하세.

그리스도인들이 주主안에서 인도引導 직분은
영적 역량에 달려있다네.
인도 직분은
공식적이거나 영구적이거나
조직적인 것이 아니며
계급제도와는 너무나 다른 것이라네.
인도 직분에 대한
그리스도의 관념觀念은
사람의 타고난 관념과는 반대라네.
하나님의 신약 안에서
인도 직분이란
섬김을 받는 것이 아니고
남을 섬기는
종의 신분을 의미하는 것이라네.
예수는
"너희 중에 누구든지 크고자하는 자는
너희를 섬기는 자가 되고
너희 중에 누구든지
으뜸이 되고자 하는 자는
너희 종이 되어야 한다."고 말했다네.
항상 그리스도 안에서
그리스도에 의해
그리스도와 함께 동행하세.
그리스도가
자기 안에서 확산되게 하고

그리스도를 산출産出하는 것이
믿는 이들의 소망으로 이루어질 때
생활은 변화가 되고
새롭게 바뀌게 될 것이야.

38 그리스도를 사랑하는 자
_온 천지가 즐겁도록 하나님을 찬송하세

온 천지가 즐겁도록 하나님을 찬송하세.
성도들이여.
자기가 하는 일 가운데서
성령이 운행하도록 받아들이세.
영에 속한 것인지
혼에 속한 것인지 분별해 받아들이세.
자신의 번영이나
자신이 속한 단체의 발전을 위해
몸과 마음을 다 바쳐 일해서는 안 될 것이야.
하나님을 섬기는 사람들은
하나님을 위해서 일하세.
하나님의 일을 하는 데는 항상
아들을 모든 것에서

첫째가 되도록 하여야 한다네.
풍성으로 가득한
그리스도를 따라 행할 때
진정으로 그리스도인이 되는 것이라지.
자기 영안을 비우고
그리스도가 오시어 살도록 해야 한다네.
예수를 사랑하는 사람들이
자기 스스로 식물이라고 비유한다면
그리스도는 좋은 땅이 된다네. 할렐루야
식물이 땅에 뿌리를 내려야
성장하고 열매를 맺듯이
좋은 땅이고 풍성한 그 영인
그리스도 안에 삶으로써
하나님의 집과
하나님의 왕국王國인
그리스도의 몸을 세울 수가 있다네.

39 그리스도를 사랑하는 자
_좋은 땅을 주신 하나님을 찬송하세

좋은 땅을 주신 하나님을 찬송하세.
누구든지 하나님 말씀인 성경을 읽을 때는

그리스도의 얼굴을 주목하고
그 영을 추구해야 한다네.
영안에서 말씀을 기도로 읽고
자기의 영안을 가난하게 하면
하나님의 임재臨齋 안으로 이끌리게 되고
하나님을 사랑하는 사람들은
저절로 빛 안에 머물게 될 것이야.
성도들이여 주를 사랑하세.
주를 사랑하면 할수록
하나님의 왕국 안에서
사랑스럽고 다정한 품 안에 살고
그리스도를 사모하면 할수록
그분의 인격과 생명을 호흡하게 될 테지. 할렐루야
이것이 바로 교회생활 안에서
올바른 그리스도인의 생활이라네.
그리스도는 능력과 친근함과
사랑과 충만함을 갖춘 분이라네.
하나님은 말로
표현할 수 없는 풍성한 분이라지. 할렐루야
이런 방대한 부富를
자녀들에게 나눠줌이 필요한데
이것을 실행하는 직분을
청지기 직분이라고 한다네.
그리스도인들은
청지기 직분을 가지세.

그리스도의 풍성을 분배分配함에 동참하세.
그리스도 안에 담긴 그 풍성을
다른 사람 안으로 나눠줄 때
청지기 직분을 이행하는 것이 되며
하나님 편에서는 경륜經綸이고
그에게는 청지기 직분을 수행하는 것이라지.

40 그리스도를 사랑하는 자
_우주의 중심인 하나님을 찬송하세

우주의 중심인 하나님을 찬송하세.
성도들이여. 다른 사람을
그리스도 안에서
장성長成한 이로 드리려면
자기가 먼저
그리스도를 온전히 체험해야 한다네.
일상생활에서 그리스도로 살고
그리스도를
자기 안에 깊이 심고
그리스도를 산출한다면
사람들을 접촉할 때

자연적으로 그리스도를
다른 사람 안으로 전할 수가 있을 것이야.
그리스도의 십자가+字架는
하나님의 구원救援의 목적에 따르면
우주 안에서
하나님의 중심적인 길이 된다네. 할렐루야
성도들이여, 눈여겨보세.
그리스도가
십자가에서 고난을 받고 있을 때
단지 고통만 당한 것이 아니라네.
인류의 모든 죄罪들을 담당擔當하였고
아버지 하나님의 뜻을 행하므로
구속을 성취하고 있었다지.
또 율법律法에 의한
모든 규례規例들을 함께 못 박고
지워버리는 일을 했다네. 할렐루야

41 그리스도를 사랑하는 자
_생명길인 십자가를 찬송하세

생명길인 십자가를 찬송하세.

십자가를 진 성도들이여.
하나님이 정하고 높이고
존중하는 유일한 길은 십자가十字架라네. 할렐루야
그리스도인들이
영적으로 전진하려면
십자가에서 죽고 부활을 통해서
새 예루살렘에 도달 할 때까지
그리스도와 '하나'가 되고
함께 행함으로
매일매일 십자가를 져야 한다네.
그리스도는 실재이고
광대한 빛이고
매력이 넘치는 분이라지. 할렐루야
성도들이 그분만을 누릴 때
누구든지 타고난 존재存在로부터 구원되고
하늘에 속한
영역靈域안으로 들어갈 수가 있을 것이야.
그리스도인들이
생명生命 주는 영과 하나가 되고
그 영을 접촉하고
먹고 마시고 체험한다면
그리스도인들의 생활은 변화되고
그리스도로 충만 될 것이야.
하나님은 사랑스런 그리스도인들에게
영생永生을 주었다지. 할렐루야

영원한 생명이
그들에게 주어진 후에도
이 생명은 여전히 아들인 그리스도 안에 있다네.

42 그리스도를 사랑하는 자
_그리스도와 연합된 생명을 찬송하세

그리스도와 연합된 생명을 찬송하세.
아들인 그리스도는
생명과 분리分離되지 않았고
계속 자신 안에 그 생명을 두고 있다네.
그리스도인들은
이 생명을 소유할 수 있는 것이 아니라
아들인 그리스도를 소유所有함으로써
생명을 갖는 것이 된다네. 할렐루야
하나님과 맨 처음으로
연합聯合된 사람이 예수라지.
예수그리스도 안에서
하나님과 사람이 우주적인 연합을 볼 수 있다지.
그리스도를 사랑하고 믿는 것이
하나님을 사랑하고 믿는 것이 된다네. 할렐루야

빛을 받은 성도들이여, 돌아보라.
하나님의 빛나는 영광은
그리스도 안에 빛으로 있으며
구속救贖하는 그리스도는 그 빛을 품고 있다네.
하나님은 항상 그리스도 안에 계시므로
그리스도는 하나님을 담는 그릇이라네.
하나님은 그리스도를 통해 빛을 비춘다지.

43 그리스도를 사랑하는 자
_매력이 넘치는 그리스도를 찬송하세

매력이 넘치는 그리스도를 찬송하세.
예수 안에 사는 성도들이여.
매력이 넘치는
그리스도는 교회 안에 있으며
교회의 완결은 새 예루살렘이고
영원토록 그리스도인들을 위한 생명나무라네.
십자가는 죽음을 처리하는 곳이라지.
그리스도는
죽음이 포함되어 있는 분이기 때문에
그리스도를 사랑하는 사람들이

날마다 그리스도를 누릴 때

그들은 날마다 죽는 것이 된다네.

성도들이 그리스도를 누리는 것은

사탄과의 싸움에서 이기는 것이며

따라서 생명이 성장되는 길이 된다네. 할렐루야

신약성경을 보면

그리스도가

육신의 모양처럼 온 것이

세 번이나 있었고

이후에 영으로 보인 기록이 수도 없이 많다네.

"오순절 날 다락방에는

급하고 강한 바람 같은 소리가 있어

저희 앉은 온 집안에 가득하여

불의 혀 같이 갈라지는 것이

저희에게 보여 각 사람위에 임하였다네."

"스데반은 성령聖靈이 충만하여

하나님의 영광과

예수가 하나님 우편에 선 것이 보였다지."

"사울이 살기殺氣가 등등하여

제사장祭司長의 공문을 가지고

예수의 제자들을 잡으러

다메섹으로 가던 중

홀연히 하늘에서 빛이 비추어

엎어져 들으니

사울아, 사울아, 네가 어찌하여 나를 핍박하느냐, 하므로

주여 뉘시오니까. 하니
네가 핍박하는 예수라." 하고 응답했다네.

44 그리스도를 사랑하는 자
_살아계시고 운행하시는 그리스도를 찬송하세

살아계시고 운행하시는 그리스도를 찬송하세.
그리스도를 믿는 신실한 성도들이여.
그리스도가 이 땅에 다시 오는 그날에는
사탄을 묶어 무저갱無底坑에 던지고
많은 민족民族을 심판審判하고
영원한 구원救援을 누리는 사람들과
영원히 멸망을 만나게 될 사람들을
구분하는 심판을 할 것이라네.
성도들이여, 자기를 돌아다보세.
모든 사람 안에는
본래 타락墮落한 본성이 숨어 있다지.
그래도 하나님은
하나님을 사랑하는 사람들을 구원하려고
만세萬世 전부터
택擇하고 구속救贖하고 거듭나게 하여

아주 사랑스런 자녀로

끊임없이 인도하고 있다네. 할렐루야

신실한 기도를 통해서

온갖 종류의 누림과 쾌락을 멀리하고

하나님의 충실한 자녀로 성장하기 위해서는

정결한 몸과 마음을 가져

마지막 그리스도가 올 때까지

시대적인 가치를 가진 믿는 이들이 되어야 한다네.

45 그리스도를 사랑하는 자
_하나님 품안에 있음을 찬송하세

하나님 품안에 있음을 찬송하세.

하나님 품안으로 인도 받은 성도들은

미련한 다섯 처녀보다

슬기와 지혜가 넘치는

다른 다섯 처녀와 같이 해야 된다네.

항상 기름을 예비하고 깨어있어

어느 때 그리스도가 오더라도

영접할 수 있는 준비를 해야 할 거야.

성경 전체의 결론인

성막聖幕의 완결은 새 예루살렘이고
그리스도는
주를 사랑하는 이들을
새 예루살렘으로 인도하기 위한 일을 한다지.
주가 십자가에서
인류의 죄들을 제거하였고
옛사람을 장사지냈으며
사탄을 멸滅하고
사탄의 세상을 심판했으며
옛 창조 안에서
잘못된 것들을 모두 끝냈다네. 할렐루야
하나님을 기쁘게 하기위해
늘 그리스도 안에 살며
끊임없이 주의 이름을 부르고
증거하고 전파하는데 전력을 다하여야 할 것이야.

46 그리스도를 사랑하는 자
_보좌에 계신 그리스도를 찬송하세

보좌에 계신 그리스도를 찬송하세.
사람은 누구나 세상에 사는 동안

많은 갈등葛藤과 분쟁이
마음속에서 일어난다네.
하나님을 사랑하는 사람들도
자신 속에서 다투거나 싸우는 것을 느낄 때는
자기의 의견이나 관념을 제쳐놓고 기도하며
그리스도의 말씀에 귀를 기울이고
그리스도의 말씀이 풍성히 자라게 해야 할 것이야.
무엇을 하든지 말에나 일에나
다 예수 그리스도의 이름으로 하고
그를 힘입어
'하나님 아버지께 감사하라' 했다네. 할렐루야
건축을 하는 데는
반드시 기도가 필요하다지.
꾸준한 기도를 통해
은혜의 보좌 앞에 나갈 수 있으며
은혜의 보좌를 통해
긍휼을 받고 은혜도 받을 수 있기 때문이라네.
물질이나 스스로를 위한 기도는
하나님은 아마 안 들을 것이고
하나님이 기뻐하는 기도를 해야 할 것이야.

그리스도를 사랑하는 자
_우주를 창조하신 하나님을 찬송하세

우주를 창조하신 하나님을 찬송하세.

하나님의 교회는

살아계신 하나님의 집이고

하나님의 가족이 사는 곳이라지.

하나님의 가족이 된 성도들아.

반드시 하나님에게 태어나

하나님의 생명과 본성本性을 닮고

충실한 자녀로 성장해야

하나님의 가족의 일원이 될 수 있다네. 할렐루야

하나님의 가족은

믿음의 가족이자 우주적인 가정으로

아버지와 아들인

그리스도를 믿는 신성한 자녀들로 구성된다네.

세상에서 가장 큰 집인 교회는

많은 가족이 있는데

"그곳에는 귀貴한 그릇도 있고

천賤한 그릇도 있다지.

귀천을 가리지 않고

또 크거나 작거나를 막론하고

꼭 필요한 곳에 합당合當하게 쓰이면

귀한 그릇이 되는 것이라네." 할렐루야

하나님의 가족으로 살 때만이
믿는 이들은 진실한 삶이고
풍성한 삶을 살 수가 있다네.
교회는 진정한 의미에서
단체적인 그리스도라네. 할렐루야

48 그리스도를 사랑하는 자
_인류의 등불인 그리스도를 찬송하세

인류의 등불인 그리스도를 찬송하세.
교회는 참된 영의 기름 바름 아래서
하나의 근원과 과정을 거친
하나님을 믿는 성스런 연합체라네.
그리스도인들이 아직도
타고난 사람과
타고난 조성과
타고난 기질氣質 등을 가지고 있다지.
성도들이여, 들으라.
생명을 주는 매력이 넘치는
그리스도를 체험體驗하면 할수록
타고난 자아 적 요소들은

점점 감소되어가며

온전케 될 것이며

'하나'가 될 것이야. 할렐루야

서로서로 교제를 통해서 섞이고

영으로 기도할 때

그리스도의 영과 내 영이 '한 영'이 될 테지.

그리스도는 홀로 직접

교회를 건축하는 것이 아니라

은사恩賜있는 믿음이 큰 성도들을 통하여

몸을 건축한다네.

믿음이 큰 사람들이

그리스도의 몸을 건축하기 위해

하나님의 사랑 안에서

진리를 붙잡고 모든 것에서 머리된

그리스도로 자라야 할 것이야.

그리스도는 사랑 안에서

스스로 건축하는데

이 사랑은 믿는 이들의 사랑이 아니라

그리스도 안에 있는 하나님의 사랑이라네. 할렐루야

 그리스도를 사랑하는 자
_살아계신 하나님을 찬송하세

살아계신 하나님을 찬송하세.

성경에 기록된

살아 있는 말씀을 얻을 때

그리스도인들은

교회가 그분 앞에 영광스럽고 거룩하며

흠 없는 교회를

드릴 수 있도록 준비해야 된다네.

또 그리스도를 붙잡고

하나님을 누리고

사랑으로 적셔져서 그리스도처럼

온 세상 사람들을 사랑해야 할 거야.

생명의 빛인 하나님은

온 우주가운데서

유일한 축복祝福이며

성전인 새 예루살렘으로

그리스도를 사랑하는 이들을

인도하는 분이라네. 할렐루야

성도들은 스스로 하나님의 거처인

성전聖殿이 되어보세.

하나님은 성도들이 살아갈

성전이 되므로

하나님과 사람은

서로 상호거처相互居處가 된다네. 할렐루야

성도들은 누구나 그리스도의 몸인

교회를 건축하기 위해

그리스도와 '하나'가 되어보세.

그분의 영광을 위해

모든 선善과 의義와 진리眞理 안에서

빛과 소금의 역할을 해야 된다네.

50 그리스도를 사랑하는 자
_그리스도 안에 사는 하나님을 찬송하세

그리스도 안에 사는 하나님을 찬송하세.

하나님의 빛나는 영광은

그리스도 안에 빛으로 있다지.

구속救贖하는 그리스도는

그 빛을 품고 있고

하나님은 항상 그리스도 안에 산다네.

하나님의 그릇이 된 성도들이여.

하나님은 사람을 선택해

생명生命을 담는 그릇으로 만들었다네. 할렐루야

그리스도 안에서
흐르는 신성한 생명은
사람을 거듭나게 하고
거룩하게 하고
변화되게 하여
종국적으로는 새 예루살렘으로 들어가
영화롭게 되는 것이라지.
만물보다 뛰어난 사람들이여.
하나님은
자기의 영원한 목적을 이루기 위해
사람을 통해서
자신을 나타낸다네.
사람을 만물萬物보다 뛰어나게 하여
그 안에서
하나님의 통치를 행사하고 있다네.
사람들의 혼은
매우 복잡하고
방황하는 때가 많아
목자牧者인 그리스도가 필요하므로
하나님은 예수 그리스도를
이 땅에 보내
선善하고도 큰 목자로 삼아
사람들을 인도하게 했다네. 할렐루야

 그리스도를 사랑하는 자
_사람을 기르는 하나님을 찬송하세

사람을 기르는 하나님을 찬송하세.

하나님은

그를 사랑하는 이들의

혼의 복지福祉를 돌보고

속 상태까지도 감독하여

그들을 참되게 기르는 분이라네. 할렐루야

신성한 하나님은

교만驕慢한 자를 토吐해 낸다지.

사람이 교만에서 벗어나려면

지속적으로 기도하며

하나님 안에서 살고

항상 생명과 영의 빛인

그리스도만을 사모思慕하고 갈급하며

신성한 성분인

사랑이 흘러넘치게 해야 한다네.

사랑이 넘치는

하나님의 본질 속에는

아버지와, 아들과, 영이지만

존재에 있어서 그 영은

'하나'고 기능과 일에 있어서

그 영은 '일곱'이라네.

주 안에 사는 성도들이여.

사람을 구원하고 적시고 채우는 그 영은

일곱 배로 강화 된 생명을 주는 영이라지.

하나님의 능력을 알고 조용히 따르고

영적인 생활 안으로 깊이 들어갈수록

하나님은 그들을 다스릴 뿐만 아니라

하나님의 목적을 이룰 수가 있다네. 할렐루야

52 그리스도를 사랑하는 자
_아바아버지 하나님을 찬송하세

아바아버지 하나님을 찬송하세.

참 빛인 하나님은

그리스도인들에게

생명과 따스함과 안온함을 주는데

그리스도가 불처럼 일어날 때

그들을 광명光明으로 인도하고 살린다지.

마태복음에서

왕국복음의 목표는

사람들을 하나님 안으로 이끌어

천국백성으로 만드는 것이라네. 할렐루야

제자가 된 성도들이여.

예수는 모든 민족을 제자로 삼기 위해

아버지와, 아들과, 성령의 이름으로

침례浸禮를 주라고 명령하였다지.

열 두 제자에게

온 세상과

모든 민족에 이르러

하나님이 선택한 사람들을

구원救援하고 인도하고

교회를 통해

모이게 하라는 위임을 주었다네. 할렐루야

왕국복음은 천국의 실재實在라지.

왕국백성들은 먼저

하늘에 있는

아버지와, 왕국과, 의義를 구하고

왕국생활 안에서

자신을 십자가에 못 박고

부활復活한 사람으로

나타나게 해야 할 것이야.

교회는 언제나 열려있는 곳으로

가정같이 따뜻함과

인정人情이 흘러넘치게 해야 한다네.

누구나 어떠한 고통도

와서 치료받는 장소가 되고

낙원으로 들어가려면

그리스도의 깊은 가르침을
받는 사람이 되어야 한다네. 할렐루야

53 그리스도를 사랑하는 자
_능력이 풍성한 하나님을 찬송하세

능력이 풍성한 하나님을 찬송하세.
참된 성도들이여. 기도하고
복음을 전할 때는
다른 사람에게 참된 관심과
친절한 관심을 가지면 가질수록
하나님은 그들의 구원을 위해
그리스도인들에게 확실한 능력을 준다네.
신약성경의 주된 내용은
하나님이 편 진리 안에서
갖고 있는 목표 안에
내적으로는
하나님의 생명과 본성을 가지고 있고
외적으로는
하나님의 형상과 모양을 가지고 있는
단체적인 사람을 얻는 것이라네.

성경말씀을 먹고 마심으로 인하여

하나님의 형상과 모양을 닮은

단체적인 사람들은

그리스도의 몸이 된다지.

하나님의 모양을 닮은 사람들이여.

하나님과 '하나'가 되어

하나님을 향해 전진하는 것이

하나의 단체적인 표현이 되는 것이라네.

하나님이 역사하고 일하는 것은

한 사람 한 사람 개인을 얻는 것이 아니고

한 지방이나 한 교회를 얻는 것도 아니며

오직 그리스도의 몸을 얻고

더 나아가 온 우주宇宙 안에 있는

교회를 얻기 위한 목표로 일하고 있다지.

그리스도의 행함이 없는 교회는

아무런 의미가 없으며

영靈 안에

생명이 없는 사람들이 모인 단체일 뿐이지…….

54 그리스도를 사랑하는 자
_부요하신 하나님을 찬송하세

부요하신 하나님을 찬송하세.

신실한 성도들은

그리스도의 몸을 의식하는 가운데

교회생활을 실천해야 한다네.

믿음의 생활을 하기 위해서는

다 같이 기도하며

지체肢體된 믿는 이들을 돌아보고

깊은 관심을 가지며

넘어지는 사람이 없도록

늘 함께 전진해야 한다네.

자아自我를 부인否認하고

무엇을 하든지

믿음 안에서 일해보세.

개인적인 생각과 행동은 뒤로하고

교회생활이 합당한 방향으로

가고 있는지 늘 살펴봐야 한다네.

예수를 믿는 사람들은

먼저 세상 사람들의 마음을 알아

가르치고 전도해야지

자기의 다급한 마음만 앞세워 서두른다면

그리스도의 복음을 전하기는 고사하고

도리어 부작용만 낳을 수가 있다네.
베드로가 말한 것처럼
"하나님이 죄지은 자를
더디 벌을 준다고 생각하는 것은
하나님이 오래 참고 기다려
죄를 회개悔改케 해 하나라도 더
구원하고자 하는 뜻이 있기 때문이라네."
성도들이여. 기도 안에서
항상 자신을 먼저 돌아다보세.
자기의 태도에서
부족한 점을 찾아내 고친 다음
다른 사람으로 하여금
호감을 갖게 하고
진리에 대한 지식에서
진보하고 풍성하게 하며
생명의 성숙에 이르도록 추구한 후
이러한 진리를
다른 사람에게 가르쳐야 한다네.
시대의 이상理想과 사역使役에 따라
성경 안에 감추어져 있는
하나님의 진리가
지시하는 길로 조성되어
사람들을 방문하고
진리를 확산해야 한다네.

55 그리스도를 사랑하는 자
_사람을 구원하신 하나님을 찬송하세

사람을 구원하신 하나님을 찬송하세.
구원받은 성도들이여.
자기 자신의 영안에는
예수 그리스도의 영이
항상 살아 숨 쉬게 하고
넘치는 공급으로
샛별같이 밝아지게 해야 한다네.
하나님의 길은 하나라지.
항상 본성에 충실하고
'하나'가 하나님의 행동의 기본요소라네.
교회는
새 창조물創造物로 창조될 때
하나님의 본성에 따라
유일한 하나 안에서 지어졌다네.
하나님은
그리스도를 사랑하는 사람들을
아버지와 아들, 성령 안에서
한 몸이 되도록 인도했다네.
사탄과 죄와 세상적인 것과
부정적인 육체肉體, 자아自我, 옛사람 등은
분열을 낳는 것이고

한 몸 안에서 떠나야 할 것들이라네.
진정한 '한 몸' 안에 있으려 한다면
생명 안에 있어야 하고
매사에 긍정적인 미덕美德을 누려야 한다네.
생명 안에 사는 사람들은
하나님의 임재 안에서
그리스도를 누리는 것이
경배敬拜요 교회생활이라네.
또한 그리스도인의 생활이며
한 몸의 터에서 자라는 것이 된다네.
기독교가 분열되는 것은
'참, 한 몸'을 잃어버리는 것이 되고
교회를 떠난 행위에서 나오며
진정한 한 몸을
알지 못하는 생활에서 나오는 것이라네.

56 그리스도를 사랑하는 자
_성도들을 자녀로 삼은 하나님을 찬송하세

성도들을 자녀로 삼은 하나님을 찬송하세.
예수를 사랑하는 이들을

영적으로 보호해 주는 것이
'참, 한 몸'이며
참 한 몸을 떠나면
질투와 멸시, 우상숭배偶像崇拜, 간음姦淫 등
각종 타락이 뒤따라온다네.
그리스도 몸의 실재를 위해서
그리스도인들은 절대적으로
그리스도의 부활생명 안에 있어야 한다네.
부활생명 안에 있는 사람들이
부활 안에 있다는 것은
타고난 생명을 십자가에 못 박고
주를 사랑하는 이들의 존재를
새 창조 안에서 높여져
부활안에 살고 있는
그리스도와
한 몸이 되게 하는 것을 의미한다네.
부활은 타고난 생명을 끝내고
영적인 싹을 틔우는 것이라지.
타고난 생명을 기도를 통해
영적인 생명으로 변화시키는 것이라네.
그리스도인들은
하나님의 자녀로
하나님의 품성을 가진
이기는 자가 되어야 할 거야. 할렐루야
'이기는 자' 이들이 없다면

그리스도의 몸은 건축 될 수 없고
그리스도의 몸이 건축되지 않으면
그리스도는
그분의 신부新婦를 맞이하러 올 수가 없다네.

 그리스도를 사랑하는 자
_영으로 오신 하나님을 찬송하세

영으로 오신 하나님을 찬송하세.
그리스도는 하늘에서
이미 사역使役을 완결하였으므로
땅에서 일곱 배로 강화된 영으로
신성하고도 비밀한 영역 안에서
교회의 하락을 구원救援할 목적으로
빛을 발하고 있다지.
하나님의 영은 그리스도에 대한
사모함을 잃어버리고
형식적인 교회생활에 머물러 있는 사람들을
이기는 자가 되게 한다네.
또 하나님의 낙원樂園인
새 예루살렘 안에 있는

생명나무를

호흡하도록 인도하고 있다지. 할렐루야

그리스도의 신부가 될 사람들아.

그리스도로 단장된 준비된 '이기는 자'

이들은 사탄을 패배시키고

대 환란大患亂 전에

휴거休居되기 위해

적敵 그리스도와 싸워 승리하는 자만이

위대한 하나님을 덧입은 사람이 되며

하나님의 은혜와 영광 안에서

찬송하는 자가 될 수 있다네.

하나님의 중심적 이상은

성경에서 관찰해 볼 때

하나님의 진리에 대한 이상이야.

하나님은 사람 안에 살아

사람으로 하여금

그리스도의 풍성豊盛을 누리게 함으로

사람을

그리스도의 지체肢體가 되게 한다네.

그리스도를 사랑하는 사람들이

그리스도의 몸으로 구성되어서

하나님의 풍성을 나타내고

그것을 온 세계로 전파되게 해야 한다네.

그리스도를 사랑하는 자
_진리이신 하나님을 찬송하세

진리이신 하나님을 찬송하세.

믿음이 성숙된 사람들의 생각은

그리스도에 대한 지식知識과 체험體驗에

초점을 맞추어야 하고

하나님의 영원한 진리에 대한

가르침 이외의 것은 따르지 말아야 한다네.

예수를 사랑하는 사람들이

그리스도 안에 있다 해도

그 빛을 빗나가게 하면

하나님의 신성한 목적을 방해하며

그리스도에게서

떠나려 하게 하는 작용이 된다네.

사람이 교만驕慢에 빠지면

자기 자신을 잃어버리고

다른 사람과 다르게

행동하기를 좋아한다네.

스스로 우월감優越感에 빠져서

이유도 없이 남을 깔보고

우습게 여기는 행동을 일삼는데

이것이 그리스도를 떠난 행동이고

육신에 속한 행위가 되는 것이라네.

영광 받은 성도들이여.
하나님의 영광을 찬양하세.
하나님의 영광 안에서
거룩하게 되려면 그분의 생명에 의해
하나님의 이름 안에 참여해야 된다네.
또 단체적이고 건축된 방식으로
하나님에 대한 누림 안으로 들어가
생명과 빛 비춤 안에서
새 예루살렘을 향해
전진해야 된다네. 할렐루야

59 그리스도를 사랑하는 자
_사람을 지으신 하나님을 찬송하세

사람을 지으신 하나님을 찬송하세.
사람을 지으신
신성한 능력의 하나님께로부터
흐르는 영은
그리스도가
구속救贖한 사람을 거룩하게 하고
정결케 하여

완전한 구원救援에 이르도록 인도하고 있다지.
하나님의 소망 안에 있는 성도들은
영원永遠 전에 선택 받아
영광의 미덕에 의해 부름 받았다지. 할렐루야
그런 다음 하나님의
살아있는 말씀으로 거듭났고
그리스도의 부활을 통해 구원 받았다지.
하나님의 끝없는 은혜 아래서
믿음이 성숙된 이들은
경건하고도 거룩한 삶을 살아
하나님께
영광을 돌리는 생활을 해야 한다네.
언제나 새 하늘 새 땅을 향해
날마다 전진하며 기도하고
또 홍수로 심판 받고
유황불로 심판 받았던 때를 회상하고
교훈을 삼아야 할 것이야.
소망 속에 사는 성도들이여.
세상 속에 살아도
하나님이 진실한
믿음이 있는 사람들에게 약속하신
신성한 하나님의 본성에 동참하고
이 본성 안에서
하나님을 닮기를 갈망해야 한다네. 할렐루야

60 그리스도를 사랑하는 자
_소망을 주신 하나님을 찬송하세

소망을 주신 하나님을 찬송하세.

믿음이 성숙된 성도들은

그리스도인으로서

겸손해지고 낮아져야 한다네.

예수가 사람들에게 받은

모욕과 상처를

의로우신 하나님께 맡기고

복종했던 것처럼 온 존재를

하나님의 애정 어린 보살피심에 맡기고

새 창조創造 안에서

새롭게 단장되어야 한다네. 할렐루야

사람들을 부른 하나님은

예수를 사랑하는 사람들을 거듭나게 했다네.

아들은

믿는 이들을 구속救贖하였으며

그 영은

믿는 사람들을 거룩하게 했고

따라서 생활방식도

거룩하게 인도하고 있다네. 할렐루야

그리스도인들은 기도 가운데서

하나님께 순종하고 회개하고

믿음 안으로 들어가야
거룩케 된다네.
또 세상과 분별시키고 깨어나게 하고
하나님께
언제나 돌이키게 함으로
하나님께 속한 사람이 되게 한다네.
예수를 사랑하는 사람들은
끊임없이
하나님을 찬양讚揚해야 한다네.
시도 때도 없이 어디서나 하나님의 존재를
확실하게 알아야 한다네.

61 그리스도를 사랑하는 자
_우리를 구속하신 하나님을 찬송하세

우리를 구속하신 하나님을 찬송하세.
하나님의 영원한
생명을 받은 성도들이여.
하나님의 신실信實한 자녀가 되었으므로
영원히 멸망하지 않고
거룩하게 되고

영광스럽게 되어
그리스도와 같은
형상을 이루어가야 한다네.
또 하나님 왕국을 상속相續받아
그리스도와 함께
세상을 다스리는
왕권에 참여할 수가 있게 될 것이야. 할렐루야
이런 것은 다
주를 사랑하는 이들의
혼의 구원이 완성될 때만이
이루어질 수가 있기 때문에
혼의 즐거움을 거절하고 멀리하며
혼 생명을 구원하는 것이
영적 삶의 누림을 보존하는 것이 된다네.
그래야 그리스도가 올 때
심판대審判臺 앞에서
그리스도께서 거처하는 곳!
즉 기쁜 곳으로 선택받을 수가 있다지.
구원받은 성도들이여.
이 땅은 기쁨을 누리는 곳이 아니라네.
고통과 고난만을 받는 곳이라지.
영광이 충만한
새 영역으로 들어가기 위해서는
하나님의 징계懲戒도
연단으로 돌리고 달게 받아들이세.

즐거운 영역으로 가기위한
준비를 게을리 하면
영원한 안식처인 그곳으로 갈 수가 없다네.

62 그리스도를 사랑하는 자
_영원히 낡아지지 않는 하나님을 찬송하세

영원히 낡아지지 않는 하나님을 찬송하세.
영원한 하나님의 사역을 기록한
성경 안에는
많은 사건들을 보여주고 있다네.
믿는 이들의 최종목표는
그리스도 안에서 교회를 굳건히 세우는 것인데
첫째 길이 십자가+字架로 가는 길이라네.
십자가의 통과는
그리스도께로 들어가는 길이라지. 할렐루야
십자가의 통과 없이는
그리스도께로 전진할 수가 없다네.
그리스도는 한 알의 밀알로
이 땅에 와서
땅에 떨어져 죽으므로

부활復活 안에서 많은 밀알을 생산하였다지.
주를 사랑하는 사람들이
모두 다 섞이고 한 덩어리가 되어
그리스도의 몸을 이루는 것이
하나님의 의도意圖라네. 할렐루야
그리스도인들은
몸의 지체가 될 수 있을지언정
머리는 될 수가 없다지.
침례浸禮를 받으므로
영안으로 들어가
그리스도 안에 잠기는 것이 되고
그 영을 호흡하여야
생명生命을 자라게 하는 것이 된다지.
참된 교회는
그리스도를 체험한 믿는 이들이
내적으로부터 흘러나온
그리스도를 누리고
그리스도로 충만 될 때
그리스도를 살아내므로
그리스도가 흘러넘쳐서
온 땅에 확산 될 것이야.
예수가 이 땅에서
하나님의 통치아래 살았으므로
육신 가운데서
그리스도인들의 표본이 되었다네. 할렐루야

 그리스도를 사랑하는 자
_태초부터 계신 하나님을 찬송하세

태초부터 계신 하나님을 찬송하세.

그리스도의 통치 안에 있는 성도들은

그리스도의 자취를 따라 살아야 한다네.

하나님의 의도意圖도

그리스도를 본으로 삼았다네.

하나님은 사랑하는 사람들에게

본받기를 원하므로

그리스도를 믿는 사람들 안에

형상形像을 이루도록 했다네.

그 영과 그 생명을 가져

하나의 인격으로 완성되어

믿음이 성숙된 성도들의 마음에

거처를 정하게 하여

그리스도가 많이 확대되고

복음이 널리 전파되게 해야 한다네.

거룩한 성도들이여.

늘 기도 중에 거룩한 생활을 해야 할 거야.

하나님의 거룩한 본성本性을 닮아

날마다 그리스도를 체험하고

적셔지게 하여 그리스도만 표현하고

순종하며 살아야 한다네.

사람이 자기의 정욕情慾에 따라 살면
사망 안에서 벗어날 수가 없다네.
오직 그리스도의 고난에 참여하고
그리스도의 영광이 나타날 때까지
생명 안에서 참고 기다려야 할 거야.
영광을 기다리는 성도들은
힘을 다해 하나님 영역 안으로 전진하고
영원한 영광 안으로 부른
하나님을 항상 찬양하세.
하늘에 뜻을 두고
매일 매일 거룩한 생활을 살아야
믿음이 내재된
참 그리스도인의 생활이 된다네. 할렐루야

64 그리스도를 사랑하는 자
_거룩한 하나님을 찬송하세

거룩한 하나님을 찬송하세.
인내 속에 사는 성도들이여.
세상에서 받은
작은 고난이거나

큰 고난이거나를 막론하고
예수가 받은 고난보다야
비교할 수도 없이 작은 것이라는 것을
깨달아야 한다네.
그리스도의 영靈을 받아들여
자기 안에서 운행하게 하고
그리스도의 생명과 본성을 가진 사람…….
세상에서 무엇을 하고 살아도
매사를 그리스도로 살며
아름다운 품성을 가지고
거룩한 생활 속에서
그리스도만을 표현해야 한다네.
하나님 사역에 동참하는 성도들아.
하나님의 이름을 영광스럽게 부르세.
세상에서 닥친 고난은
애초부터 마음에서 지워버려
생각지도 말고 살아야
그리스도에 속한
사람이라 말할 수가 있다네.
그리스도의 몸은
하늘에 속한 이상理想이며
그리스도인들이 몸을 보려면
영안에 있어야 한다지.
그리스도를 믿는 사람들의 영 안에는
하나님이 거처하는 처소요

하나님의 집이 되었다지.
하늘에 소망을 둔 성도들이여.
자신을 하늘에 연결하고
하늘에 속한
생명生命과 은혜와 권위權威와 능력을 받아서
이 안에서 하늘에 속한 생활을
지속하고 있어야 한다네.

65 그리스도를 사랑하는 자
_건축자이신 하나님을 찬송하세

건축자이신 하나님을 찬송하세.
믿음이 성숙된 사람들은
교회의 건축자가 된다는 것을 깨닫고
항상 영안에서 생활해야 된다네.
모든 생각을 영안에서 새롭게 해
기도 안에서 변화를 받아
낡은 것들을 제거해야 한다네.
성령聖靈의 빛 비춤에 따라
하나님으로 충만하고
교회 안에서

그리스도의 영광을 위해

그리스도께 돌이키고 회개悔改하며

그리스도가

승리하는 길에 동참하여야 한다네. 할렐루야

예수를 사랑하는 사람들은

미덕美德을 발전시켜야 한다네.

그리스도에 대한 지식은

세밀하고도

더욱 더 깊고도 완전하게 알아야만

그리스도의 매력적인 것을

그 안에서 발견 할 수가 있다네.

그래야 그리스도의 사랑을

자기의 온몸으로 받아낼 능력이 생기게 될 테지.

하나님에게서 태어난 성도들은

하나님의 본성과 생명을 가지고 있으므로

하나님의 자녀가 되는 권리를 가지며

본성을 누리는 권리도 있다네. 할렐루야

66 _한없이 넓고 큰 하나님을 찬송하세

한없이 넓고 큰 하나님을 찬송하세.

하나님의 사랑을 받고

사는 사람들이라 해도

세상에 대한 정욕이 너무나 강하면

늘 그곳으로 끌려가게 되는데

이를 막지 못하면

하나님의 본성과 생명을 잃어버리게 된다네.

기도를 통해 다시 돌이켜 동참하게 될 때는

생명과 본성을 찾는 것이 돼지만

영원한 왕국에 들어가려면

하나님을 풍성하게 누려야 한다네.

성숙에 도달하게 하려면

그리스도로 충만케 하여

생명과 본성이 저절로 흐르게 해야 된다지.

자기의 감정과 갈망이

세상 것으로 향할 때는 기도를 통해

자아를 새롭게 해 자제하고 통제하여

지식 안에서 훈련을 쌓아야 한다네.

이럴 때

사랑뿐이신 하나님으로 채워져

사랑이 흐르는 사람으로

종국에는
사랑자체로 발전하게 될 것이야. 할렐루야
사랑이 흐르는 사람들은
하나님의
순수한 말씀에 귀를 대고 들어
마음을 적시면
세상의 가지가지의 헛된 욕망에서
벗어날 수가 있고
깊고도 고귀한 사랑을
맛볼 수가 있다네. 할렐루야

67 그리스도를 사랑하는 자
_인도자 하나님을 찬송하세

인도자 하나님을 찬송하세.
영안에 사는 성도들이여.
자기 혼魂을 부인否認하세.
하나님의 사랑 안에서 자기를 지키고
영원한 생명生命안에서 살고 기도하여야 한다네.
그리스도의 긍휼을 기다리어야
그리스도께서

주를 사랑하는 사람들 안으로

들어온 후에 함께 새 예루살렘에

도달하도록 흐를 것이야.

믿음이 내재 된 성도들이여.

자신의 관념과 갈망에 따라

행동하지 마세.

시대의 조류에 따라

행하지도 마세.

하나님보다 앞서지 마세.

무엇이든지

하나님께 의지하고 일해야 한다네.

신실한 성도들이라도

성경을 습관적으로 읽거나

욕심의 기도를 해서는 안 되지.

분명한 말씀에 주의를 기우리고

예수 그리스도의

영광과 위엄과 권능과 위대함을 힘입어

영원永遠에 이르도록

흠 없이 보존하도록 힘써야 한다네.

 그리스도를 사랑하는 자
_사람과 동행하는 하나님을 찬송하세

사람과 동행하는 하나님을 찬송하세.

선택받은 성도들이여.

하나님의 뜻에 따라

하나님이 정하신 길을

가는 사람들이 되어야 한다네.

사탄의 땅에서 머물지 마세.

선택받은 사람들만이 갈 수 있는

새 예루살렘을 향해 달려가세.

좌左나 우右나 뒤를 돌아보지 말고

오직 전진만 있을 뿐이야.

교회는 우주적宇宙的인 하나님으로

조성 되는 곳이라지.

그리스도인들이 교회생활을 통해

'이기는 자'가 되는 장소라네.

교회의 건축을 완결하기 위해서는

그리스도께서

이기는 이들이 필요한데

교회의 건축은

새 예루살렘으로 완결하는 곳이라지.

그리스도인들이

그리스도를 누리는 데는

언제 어디서나 기도하며
혼자서도 그리스도를 누릴 수가 있다지.
그러나 그리스도인이
하나님의 자녀들과 함께
공통共通된 곳에서 모여야 할 때도 있다네.
그리스도인들은
그리스도께서 정한 곳
그리스도께서 이름 둔 곳
그리스도의 거처가 있는 곳으로
즐겁게 달려가야 할 거야. 할렐루야
온 우주 가운데서
주님은 오직 한 분이고
한 몸이고 거처도 하나라네.
그러므로 하나님이
선택한 백성들과 함께
단체적으로 그리스도를 누리는 것이
충만한 생활이 되는 것이라네. 할렐루야

69 그리스도를 사랑하는 자
_한순간도 놓치면 안 되는 하나님을 찬송하세

한순간도 놓치면 안 되는 하나님을 찬송하세.

주의 이름을 부르는 성도들이여.

그리스도에 대해

풍성함을 나타내기 위해서는

끊임없이 수고하지 않으면 안 될 거야.

또 그리스도는

측량測量할 수 없는 부요富饒한 분이라지.

부요함을 맛보려면

주를 사랑하는 사람들은

영적인 땅을 경작耕作하여야 한다네.

영적인 땅을 경작하는 성도들이

그 땅에 영적인 씨를 뿌리고

영적인 식물에 물을 주어야

영적인 열매를 수확할 수가 있다네.

그리스도와의 교제는

한 순간瞬間도 놓쳐서는 안 된다네.

기도하며

그리스도 안에 살고

그리스도에 대해 수고하고

매사에 그리스도를 적용適用하고

그리스도를 누려야 한다네. 할렐루야

그리스도인들이
새 예루살렘 안으로 들어가면
모두가 영광 안에 사는 것이 될 테지.
그리스도 안에 사는 성도들이여.
새 예루살렘 안에는
하나님의 생명生命이 흐르고 있다네.
세상과 완전히 분별되므로
하나님으로 건축하고
하나님 안에서 살게 된다네.
하나님 아버지는
많은 아들들을 낳고 번성하게 하며
신성한 생명을 가지게 한다네. 할렐루야

70 그리스도를 사랑하는 자
_영적 씨를 뿌리는 하나님을 찬송하세

영적 씨를 뿌리는 하나님을 찬송하세.
영의 씨를 받은 성도들이
하나님 안에 건축되려면
매일매일 생활에서
하나님의 말씀을 읽고 호흡하여

생명을 받는 생활이 되게 해야 한다네.
또 이 시대에 그리스도와 함께
고난을 받는 이들은
왕국시대에
반드시 영광스럽게 될 것이야. 할렐루야
하나님께서 사람을 창조하신 것은
하나님의 새 창조 안에 있는
새 사람의 그림이라네.
하나님의 형상대로 지어진 사람들이여.
하나님은 자신의 형상대로
사람을 창조하고
사람에게 자신의 통치권統治權을 주고
자신의 표현을 위해
하나님의 형상을 지니도록 했다네. 할렐루야
새 사람이 창조될 때
그리스도는 천연적인 사람을
십자가十字架에 못 박았고
옛사람을 벗어버리고
신성한 요소를
자기를 믿는 사람 안에 넣어주고
새것으로 만들었다네. 할렐루야
주를 믿는 사람들은
그리스도와 '하나'가 되고
'한 새 사람'이 되어야 할 것이야.
한 새 사람이 온전케 될 때

그리스도가 오시며
온전케 된 새 사람은
모두 신부가 될 테지. 뭘! 할렐루야

71 그리스도를 사랑하는 자
_항상 기도의 문을 열고 계신 하나님을
찬송하세

항상 기도의 문을 열고 계신 하나님을 찬송하세.
기도하는 그리스도인들이여.
자신이 어디에 있는지를 알아보세.
그리스도가 이 땅에서
끊임없이 역사하고 있다는 것을 알아야 한다네.
그리스도를 사랑하고 따르는 사람들은
반드시 생각의 영을 새롭게 해
'새 사람'이 되어
그리스도에 의해 살아야 된다네.
하나님은 영원토록 새로우시며
결코 낡아지지 않는다네.
영구히 변하지도 않으므로
하나님을 사랑하는 사람들은

그 안으로 들어가면 들어갈수록
새롭게 되고 낡아지지 않고
변치도 않는다네. 할렐루야
그리스도인들이
일상생활의 구원救援은
생명生命의 새로움 안에서
모든 것을 행하는 것이고
또 부활復活 안에 있는
생명을 사는 것이 된다네. 할렐루야
주님의 생명이 흐르는 성도들이여.
생각을 위에 둔다는 것은
하나님과 그리스도가
하늘에서 편 사역 안에
들어가는 것이며 실제적으로
'한 새 사람'이 되는 과정이라네. 할렐루야

72 그리스도를 사랑하는 자
_영원토록 새로운 하나님을 찬송하세

영원토록 새로운 하나님을 찬송하세.
그리스도인들이

낡은 것을 벗어버리고

새것을 입기 위해서는

자신의 영을 열고

그리스도의 영靈으로 채워야 한다네.

그 영을 흘러넘치게 하면

반드시 새로워질 수 있고

'새 사람'이 될 수가 있다네. 할렐루야

거듭난 그리스도인들이라도

생각과 감정과 의지意志안에서

그리스도에 대한 지식이 아주 부족하고

형상은 거의 없으므로

여전히 옛 '아담' 안에 머물고 있다네.

성도들아, 시도 때도 없이 기도하세.

기도를 통해

생각을 늘 하늘에 두세.

자기를 부인否認하고 스스로는

아무것도 할 수 없다는 것을 깨닫고

참된 기도를 할 때

그들은 그리스도께 의지依支하고

그 안으로 더 깊이 들어갈 수가 있다네.

이때 그리스도인들은

부요富饒하고

큰 생명공급을 받을 수가 있고

영안에 있으며

하나님과 '한 영'이 된다네.

그들이
그리스도와 사는 것이 바로 이때라네. 할렐루야

73 그리스도를 사랑하는 자
_사람을 만물의 영장靈長으로 만든 하나님을
 찬송하세

사람을 만물의 영장靈長으로 만든
하나님을 찬송하세.
생각을 하늘에 둔 사람들이여.
이 세상은 불의로 가득하고
악한 자의 목소리가 더 멀리 나가고 넓게 퍼지며
교만과 자만이 가득한 곳이라지.
이럴 때는
성경聖經의 순수한 말씀에 따라
주를 사랑하는 사람들은
하나님으로 적셔지고 성숙되어야 한다네. 할렐루야
그렇지 않으면
한도 끝도 없이 깊은 구렁으로 빠지고
멸망으로 이어지고 말 것이야.
그리스도인들이

사탄에게 끌려 다니고 물든다면
천년 왕국이 나타날 때
들어갈 자격資格을 잃을 것이고
참여할 수도 없으며
그리스도가 계신 영화로운 그곳……!
문밖에서 슬피 울며
이를 가는 행위만이 따를 것이야.
그때에 구출해달라고 소리치고
구원의 천사를 보내달라고
아버지께 애원해도
그리스도께서
점점 멀어져가고 있는 것만 볼 것이야.
예수를 사랑하는 사람들은
자신을 부인하고
십자가十字架를 지는 생활만이
하나님 왕국으로 인도되고
왕국 행을 깨닫는 유일한 길이 된다네. 할렐루야

_하나님 왕국을 보인 그리스도를 찬송하세

하나님 왕국을 보인 그리스도를 찬송하세.

예수님이 변화 산變化山에서

변형되고 빛을 발한 것은

하나님 왕국王國을

능력으로 나타낸 것이라네.

주를 믿는 성도들이

그 빛을 받아

깊은 속으로 들어갈 때

왕국 백성이 되고

왕국 안에 사는 것이 된다지. 할렐루야

사람에게는 영이 있다지.

사람의 영은

하나님의 생명을 닮지 않았으므로

하나님의 영으로 거듭날 때

하나님의 생명과 본성이

사람의 영안으로 더해져

새 창조 안으로 들어가게 되는 것이라네.

그러나 혼魂은

여전히 옛 창조 안에 머무는 때가 많다네.

하나님의 신성한 생명과 본성이

사람의 영으로부터

혼 안으로 확장 돼
사람의 혼을 흠뻑 적셔야 된다네.
혼이 새로워졌다는 것은
생각이 새로워졌다는 것으로
감정도 새롭게 될 테지.
예수를 믿는 사람들이
감정 안에서
그리스도에 대한
합당한 사랑을 갖기 위해
생각 안에서 새롭게 되어야 한다네.
성도들이 의지를 발하여
그리스도를 따르고 위하고
그분 안에 살고 자라게 하면
종국에 가서는
그분을 산출하는 길이 된다네. 할렐루야

75 그리스도를 사랑하는 자
_새사람을 만드는 하나님을 찬송하세

새사람을 만드는 하나님을 찬송하세.
하나님을 사랑하는 사람들이라도

매일매일 생각을 무엇에 두느냐에 따라서
각자의 삶이 결정되는 것이라네.
생각을 하늘에 두면
'새 사람'이 자라게 되고
땅에 둘 때는
새 사람이 아니고 사망에 이르게 된다지.
새 사람으로 자랄 때만이
신성한 것들이 확장되어
그리스도의 형상을
표현할 수가 있게 될 것이야. 할렐루야
믿음이 성숙한 사람들이
자신을
하나님 안으로 들어가도록
참 기도를 하면
하나님의 부요富饒함에 동참하게 될 테지.
믿음이 적은 사람들은
기도가 끝나면
천연적天然的인 생활방식으로
금방 돌아간다지.
그들이 거룩해지고 신령해지고
'이기는 자'가 되기 위해서는
꾸준히 기도를 해야 된다네.
축복 안에 사는 성도들아.
기도할 때는
그리스도 이외의 모든 것에서 떠나고

일상생활에서

늘 하나님에 대한

기도 상태에 있어야 한다네.

온전한 맘으로

참된 기도를 할 때

그리스도 안에 머물게 된다네. 할렐루야

그리스도인들은

교회생활 가운데서

순수純粹해야 하고

실제 안에 있어야 한다네.

작은 선善을 행할 때도

과시하거나 선전을 해서는 안 되며

가장假裝해서도 안 되고

헛된 영광을 구하거나 무엇인가

대가代價를 구하는 태도는

부당한 것이고 바라서도 안 될 거야.

하나님이 떠난 교회는

외관상外觀上만 보기 좋게 꾸민다지.

안을 보면 형식만 앞세우고

사탄의 역사로 인하여

부정한 것들이 가득하다네.

오히려 그리스도를 손상시키고

거짓으로 믿는 이들만

수적으로 늘리고

교회의 본질을 변하게 하는 곳이지. 뭐

_순전하고 진실한 하나님을 찬송하세

순전하고 진실한 하나님을 찬송하세.

그리스도인들이 그리스도를 통해

생명의 새로운 시작이 없으면

사탄의 역사 속에 떨어져

후회後悔하는 일들이

연속적으로 닥치고

그리스도의 구원에서 점점 멀어지게 될 거야.

오직 하나님만이

순전純全하고 진실眞實한 분이야. 할렐루야

주를 믿는 사람들은

이 풍성한 생명을 공급받아

그리스도 안으로 깊숙이 들어가면 들어갈수록

그리스도 안에서는

죄罪 없는 삶을 사는 것이 가능하다네.

하나님이 기뻐하는 성도들은

그리스도에 의해 살기를 배워

죄 없는 생명을 살아야 할 거야.

그리스도가 좋아하는 사람들이

늘 새롭게 되려면

시도 때도 없이

성령聖靈을 마셔야 된다네. 할렐루야

외적으로 침례만 받고
가만히 있다면
그들은 옛것으로 미끄럼질 칠 것이야.
내적으로 충만 되게 하기 위해서는
성령을 들이마서
흠뻑 적서져야만 자기의 영이 새롭게 된다네.

77 그리스도를 사랑하는 자
_우리의 기도를 받아주는 하나님을 찬송하세

우리의 기도를 받아주는 하나님을 찬송하세.
기도하는 성도들이여.
그리스도께 늘 기도하는 것은
성령을 호흡하는 것이 된다네.
또 자신을 그리스도께 열어주는 것이 되고
주의 이름을 부르는 것이 되고
그리스도와 교제하는 것이 된다네. 할렐루야
그리스도인들이
천연적인 생각과
종교적인 생각을 바꾸려면
개인적인 생각에서 벗어나

성령이 그들의 사고방식 속에 들어와
그분이 생각하는 것처럼
행동할 때 충만하게 될 거야.
성도들이 기도祈禱를 할 때
꼭 이루려고 한다면
실망이 너무나 클 것이야.
기도는 다만 영을 수련하고
하나님을 접촉하고
언제나 하나님을
경배하고 찬양하고 감사드리면서
열린 영을 가지고 나갈 때
하나님께서 받아들일 테지.
하나님은 영靈이기 때문에
자기 자신 영안에 있지 않으면
참 기도를 드릴 수가 없다네.
기도는 또한 훈련이 필요하다네.
성도들이여. 기도하는데
영으로 돌이키는 훈련이 부족하면
합당한 기도를 할 수가 없다네.
스스로 그리스도로 살려면
끊임없이 기도가 필요하다네.
항상 하나님 안에서
지극히 사소些少한 것이나 적은 것도
하나님께 참 기도를 드려 답을 얻을 때
그리스도 안에 사는 것이 되고
하나님과 '하나'가 되는 것이라네. 할렐루야

78 그리스도를 사랑하는 자
_아들을 보내 사람을 구원한 하나님을 찬송하세

아들을 보내 사람을 구원한

하나님을 찬송하세.

교회는 외형적으로

끊임없이 발전하고 확산되어 왔지.

그러나 참 그리스도인들은

그다지 많지 않다네.

생명의 빛이 흘러넘치는 그리스도를

알고 따르며

밭 가운데 감추어진 보석처럼

산 사람은 드물고

그런 사람을 보기도 어렵다네.

그리스도를 부르며 사는 성도들이여.

자신을 나타내려고 애쓰지 말고

작고 힘없는 사람을 돌보고 섬기는

그리스도의 참 정신을 깨달으며 살아가세.

형식과 행사에만 열중하지 말고

단상壇上에서 또는 집안의 상석에 앉아

훌륭한 대접받기에 치중하지도 마세.

모든 행사에 참여하는 것이

마치 그리스도를 나타내는 데 최고인양 하는

거짓 선지자처럼

행하지 말아야 한다네.
성경에는
아주 많은 예언像들의 말씀과
실재 있었던 말씀으로 가득 차 있다지.
하나님은 어둠속에 빛나는 등燈과 같이
영적 빛을 비추고
밝은 빛 비춤 안으로 들어가도록
줄곧 인류人類를 안내해 왔다네.
하나님의 기쁨이 된 성도들아.
조심하여 방탕함과
술 취함에 빠지지 않도록 하고
장차 일어날
모든 일들을 이겨나가고
그리스도 앞에 담대히 설 수 있도록
온전한 삶을 살아야 한다네.

79 그리스도를 사랑하는 자
_사람을 거룩케 하는 하나님을 찬송하세

사람을 거룩케 하는 하나님을 찬송하세.
다니엘과 요한처럼

계시啓示를 받고

이상理想을 보며

하나님 갈망이 무엇인지를 알아야 한다네.

언제 어느 때

그리스도가 오시더라도

늘 깨어있는 생활로

그리스도의 임재 안으로 들어갈 수 있도록

합당한 삶을 살아야 복을 받지.

그리스도의 재림 후

땅에 사는 사람들을 시험할 때

그리스도에 의해서

시험 당함을 면免할 수 있도록

그리스도의

인내忍耐의 말씀을 지켜나가야 한다네.

성도들아. 그리스도의 말씀으로

성숙되는 것은

하루 이틀에 되는 것이 아니라네.

하나님을 사랑하는 사람들은

늘 주안에서 살고

그리스도를 나타나심을 위해

성숙 될 수 있도록

하나님을 사랑하고

그리스도의 다시 오심을 위해

자신을 예비함이 제일 큰일이라네.

하나님은 여전히

그리스도인들을 거룩케 하고

변화시키고

하나님의 형상形像을 본받도록

일하고 있다네. 할렐루야

사람들은 많아도

세상속의 사탄적인 일에 매혹되어

하나님이

계시啓示하고 권하는 일은

등한시等閒視하고 소홀히 하고

모른 척 하는 사람이 너무나 많다네.

하나님의 계시를 깨닫고

끝까지 지키는 사람은

그리스도가 다시 올 때

영광 안에서 밝게 웃으며

하나님의 아들로

그리스도의 충만함을 맛볼 것이야. 할렐루야

80 그리스도를 사랑하는 자
_생명수를 공급하는 하나님을 찬송하세

생명수를 공급하는 하나님을 찬송하세.

하나님은

그리스도를 사랑하는 사람들의

생활을 위해 자신을

생수生水의 원천으로 취하길 원하신다지.

하나님을 생수의 원천源泉으로

취할 수 있는 유일한 길은 날마다

그분의 생명生命을 취하면 이뤄질 거야. 할렐루야

생수의 원천인 하나님을 마시는 사람들이

하나님과 '하나'가 되면

하나님의 신성한 본성을

표현할 수가 있다지. 할렐루야

하나님은 신성神聖한 생명이다.

영원한 생명이다.

모든 것을 포함한 생명이다.

창조創造되지 않은 생명이다.

오직 이분으로 적셔져

하나님 백성으로

또는 하나님의 사랑스런 자녀로

하나님의 생명만을 표현하고 살아야 된다네.

하나님의 사랑스런 성도들이

교회에서 필요한 것은 생명인데

생명만이 교회를 건축하는

유일한 수단手段이요 길이라지.

생명의 원칙은

사망死亡을

생명生命으로 바꾸는 것이라네. 할렐루야
생명은
도덕적인 사람을 거듭나게 할 수 있다.
죽어가는 사람을 치유할 수 있다.
무력한 사람을 소생蘇生시킬 수 있다.
목마른 사람의 갈증을 풀어줄 수 있다.
죄罪 속에 빠진 사람을 자유롭게 할 수 있다.
죽은 사람을 부활復活하게 할 수 있다.
하나님 안에는 생명이 흐르는데
교회를 건축하고
그 안에서 생명으로만
생활하게 하는 능력이 있다지.

81 그리스도를 사랑하는 자
_빛을 창조한 하나님을 찬송하세

빛을 창조한 하나님을 찬송하세.
만물의 중심인 성도들이여.
하나님은
사람을 만물萬物의 중심中心으로
창조하였다지. 할렐루야

빛을 창조한 후
나는 것, 기는 것, 뛰는 것을 다 만든 후
사람을 만들고 심히 좋았다고 말했다지.
그런데 왜 제일 먼저
사람을 만들지 않고 나중에 만들었을까
궁금하기 그지없는 일이야.
하나님은
실수와 잘못을 하지 않는 분이라지.
사람의 생각으로 판단해 볼 때
하나님이
나중에 사람을 만들어
많은 것을 다스리고 지배하게 했는데
여기서부터 사람이 욕심慾心이 생겨
타락하고 죄 가운데 빠진 원인이 되었다지. 아마
그래서 하나님은
창세創世전부터
미리 예정을 다 해놓았기 때문에
그리스도를 구속자救贖者로
정해놓은 대로 보냈음을 알 수가 있다네.

그리스도를 사랑하는 자
_영원한 생명이신 하나님을 찬송하세

영원한 생명이신 하나님을 찬송하세.

영원한 생명을 받은 성도들이여.

하나님은 본래 사람을

하나님 형상形像처럼 만들고

하나님을 표현하게 하려는 의도였는데

사람이 많은 꾀를 내 하나님을 배반했다네.

그리곤 하나님이

생각하는 길이 아니고

죄罪의 길로 들어갔음으로

하나님은 사람을 구원하려고 애를 쓰고

사랑하는 아들

예수 그리스도로 희생양犧牲羊을 삼아

잠깐 사망死亡을 주었다가

부활을 통하여

사람들의 죄를 도말塗抹하는 길을 택했고

사랑하는 아들들을 의롭게 했다네. 할렐루야

구원받은 성도들이여.

사람 스스로는 의롭다고 아무리 외쳐도

하나님 앞에서는

의로운 것이 하나도 없다네.

하나님의 의義는

한도 끝도 없이 무한한 것으로

사람은 다만 하나님을 믿으므로

의롭게 될 수가 있다네.

왜냐하면 믿음이 깊을수록

하나님은

더 사랑을 주고 기뻐하기 때문이지. 할렐루야

83 그리스도를 사랑하는 자
_사람을 기쁨의 대상으로 삼은 하나님을 찬송하세

사람을 기쁨의 대상으로 삼은

하나님을 찬송하세.

사람들은 본래

하나님의 기쁨의 대상이 되기 때문에

하나님의 의義 앞에 나와

그 의로 덧입혀져야 된다네. 할렐루야

의롭지 못한 행동은

하나님과 멀어지는 행동이며

하나님이 기뻐하지 않기 때문에

십자가十字架를 지고

하나님의 요구에 따라야만

하나님의 기쁨 안으로
들어갈 수가 있을 것이야.
주를 사랑하는 사람들이
하나님을 경외敬畏하고
그리스도를 찬양하지만
찬양하면 할수록
더 많은 축복을 원하고 있다지.
이것이 무엇을 의미하는 것인가.
그리스도인들은
무의식無意識 중에도
하나님을 사모하고
사랑한다고 하지만
육신에 빠져서 천연적으로
자기도 모르는 사이에
욕심으로 가득 차 있는 것을
발견하게 된다네.
성도들이여. 그것이 바로
생명 밖에 있음을 스스로 나타내는 것이야.

 그리스도를 사랑하는 자
_사람과 교제하는 하나님을 찬송하세

사람과 교제하는 하나님을 찬송하세.

성도들이 믿음 안에서

하나님의 생명을 받았다면 받은 만큼

다른 이에게 전해주어야 된다네.

생명은 간직하는 것이 아니고

나눠주는 것이기 때문이지.

믿음이 큰 성도라 해도

그리스도를 받아들인 만큼

그리스도의 형상形像으로

변화되어야 하고

끊임없이 변해야 된다네.

성도들이 기도하는 가운데

영靈의 부분에 중점을 두고

하나님과 '한 영'이 되어

하나님이 자기 안에 살길 추구하지만

혼魂이 모든 것을 방해하고

스스로 알지 못하는 사이에

혼의 작용이

자기 영보다 앞서나가서 일하고

육신을 끌고 다녀서

때가 덕지덕지한 더러움 속을 구르게 한다네.

은혜 받은 성도들은 빛나고 투명한

하나님으로 가득 채우고

속 부분까지 다 보이고 환하게 해야

참 그리스도인이라고 말할 수 있다네.

다른 사람을 판단하는 말을 듣고

동참하면

이미 그리스도의 영은 멀리 사라지고

더럽고 추악한 사탄의 영이

자기 안에서

작용한다는 것을 깨달아야 할 거야.

그러나 서로서로 입에서

판단이 끊임없이 흘러나오고

사탄이 많은 역사를 한 후 깨닫거나

아니면 더 큰 사탄의 역사에 빠지는 것이

사람들의 일상생활이라네.

그럴 때 찬송가讚頌歌를 부르고

주의 이름을 부르면 평강이 온다네.

'하루에 만 번도 더 부르자!'

다른 사람과 함께 부릅시다.

다 같이 불러야 성령聖靈이 운행하고

혼자만 부르면

사탄도 그 안에서 기회를 엿보고 있을 것이야.

 그리스도를 사랑하는 자
_우리를 택한 하나님을 찬송하세

우리를 택한 하나님을 찬송하세.

교회는 건물이 아니고

주를 믿는 사람들이

두세 명만 모여도

그 가운데 교회가 있다고 했다지.

교회는 하나님의 집이고

주의 이름을 부르고

생명 안에 있으면

저절로 교회가 건축된다네. 할렐루야

하나님이 택한 성도들이여.

신약新約은

하나님이 택한 백성들 안으로

뿌려지기 위해

육체가 된 그리스도가

성도들 안에서

천국天國을 누리는 모양을 가르치는 약속이라지.

택함 받은 백성들이

하나님을 영접했을 때

왕국의 씨를 받았는데

이 씨가 육신이 된

하나님 곧 인성 안에 사는

삼위일체 하나님이 됐다지. 할렐루야

이 씨가 번식繁殖과 확장擴張으로
넓게 퍼져나가는데
처음에는
12명의 사도使徒에서부터
70명으로 확장되고
이후 다락방의 기도에 참여한 사람이
120여 명으로 늘어났으며
새로 씨를 뿌리는 사람이
수천으로 늘어난 것을 볼 수가 있다네. 할렐루야

86 그리스도를 사랑하는 자
_새 하늘 새 땅으로 인도하는 하나님을 찬송하세

새 하늘 새 땅으로 인도하는
하나님을 찬송하세.
하나님을 사랑하는 사람들의 소망은
새 하늘 새 땅에서
하나님을 중심으로
영원한 왕국을 건설하고
모두가 왕이 되어
열국列國을 통치하고
사탄이 존재하지 않는 곳에서

한 없이 즐겁게 사는 것이 목표라네. 할렐루야

이런 목표를 달성하기 위해서는

주가 사랑하는 사람들이

이미 받은 동일하고도 보배로운 씨인

'믿음'을 받았는데

이것을

"미덕美德으로 발전시켜

미덕 안에서 지식知識을

지식 안에서 절제節制를

절제 안에서 인내忍耐를

인내 안에서 경건敬虔함을

경건함안에서 믿는 이들끼리 우애友愛를

믿는 이들의 우애 안에서

사랑으로 확장되어야 한다네."

이런 과정을 통해 성장하며

보다 성숙되어

그리스도로 충만케 될 때

낙원樂園 안에 살게 된다지. 할렐루야

경건하게 주를 믿는 사람들은

옛것을 떨쳐버리고

변화해야 하고

그 마지막이 성숙成熟이라네.

성숙은

생명이 충만 됨을 의미하는 데

생명을 많이 소유所有할수록

더 많이 성숙되고

그리스도의 생명으로
충만함에 이르는 것이 되는 것이야.

87 그리스도를 사랑하는 자
_죄인들을 구원하는 하나님을 찬송하세

죄인들을 구원하는 하나님을 찬송하세.
그리스도인들이
구원救援받고 거듭났을 때
신성한 생명이
각자의 영靈안에 들어왔다네. 할렐루야
그러나 하나님 생명과
자기의 생명이 따로 따로 있거나
분리되어 있는 상태가 유지維持된다면
그들은 변화될 수도 없고
그들의 타고 난 생명을
바꿀 수도 없을 거야.
생명이 충만할 때
축복祝福이 온다는 것을 알아야 한다네.
축복은 생명이 넘쳐흐를 때
이루어지며 이때 또한 생명이
다른 사람에게 전달되는 것이라지.

하나님의 영원한 목적 달성은
하나님의 생명으로
사람들이 변화되고
성숙됨이 완성될 때라네. 할렐루야
그래서 하나님은
사람들이 언제라도
회개(悔改)하기만 기다리고 있기 때문에
어떤 이들은
"어째서 저런 자를 벌하지 아니할까."
하는 생각은 바로 인간들의 생각이며
하나님의 뜻과는 너무나도 먼 것이라네.

88 그리스도를 사랑하는 자
_회개하기만 기다리는 하나님을 찬송하세

회개하기만 기다리는 하나님을 찬송하세.
하나님은 믿는 사람이거나
안 믿는 사람이거나를 막론하고
늘 복(福)을 주고 사랑하며
어린아이처럼 보살피고 있다네. 할렐루야
그렇지 않다고 생각해 보라.

만약 사람들이 죄로 인하여
하나님의 진노震怒 속에 던져졌다면
옛날 '소돔'과 '고모라'보다도
더 크고 혹독한 벌을 받을 것이며
이 땅 어디에서나
들끓던 공룡들이 사라진 것과 같이
사람들이 멸망하게 되었을 것이야.
어둠 속에서 헤매는 사람들은
기도를 통해 깨닫고 회개하고
진실로 하나님만을 향해
생명 안으로 들어가야 한다네.
그리스도인들이
생명을 떠나 육체肉體 안에 산다면
육체는 고통으로 이글어지고 찌들며
그 고통을 감당하지 못해
육신이 썩어져가는 나무토막과
다를 바가 없게 될 거야.
주를 사랑하는 사람들이
주 안에 있는
신성한 능력과
거룩한 인격으로
성령聖靈 안에 산다면
아름다움으로 가득 채워지고
하나님의
사랑만을 표현할 수 있을 거야. 할렐루야

89 그리스도를 사랑하는 자
_항상 의義로우신 하나님을 찬송하세

항상 의義로우신 하나님을 찬송하세.

오늘날 그리스도인들의 사랑은

육체에서 흘러나온 사랑으로

순수純粹함이 아주 미미하다네.

진실한 사랑은

십자가十字架를 거처 나와야만

진실한 사랑이라지.

사람들 속에 늘 함께 있는

교만驕慢하고 불손不遜한 행위들은

하나님으로 불태워서 없애버리고

하나님의 의義를 거스르는 것들은

모두 먼지를 털듯 털어버려야 할 거야.

십자가를 지고 사는 성도들이여.

하나님의 영광과 거룩함에

부합符合되지 않는 것들은

모두 다 지워버리고

다시는 자기 안에 존재하지 않게 해야 한다네.

예수 그리스도의 영과

'한 영'이 된 사람들은

자기의 영靈을

하나님 말씀으로 정결하게 닦아

더 없이 맑고 깨끗하게 보존해야 한다네.

마지막엔 하나님의 영광榮光을 안고

한도 끝도 없이 밝고 맑은 빛을 받으며

환희에 찬 환한 얼굴로

기쁨이 넘쳐 환호하며

축복이 흐르는 속에서

하나님을 찬송하는 노랫소리가

메아리 되어 온 천지를 뒤덮을 때

초청받은 낙원樂園으로

천천히 걸어 들어가게 될 거야. 할렐루야!